AF367772

LE FOND
D'UNE QUERELLE

C. SABINI

LE FOND D'UNE QUERELLE

DOCUMENTS INÉDITS
SUR LES RELATIONS FRANCO-ITALIENNES
1914-1921

PARIS
BERNARD GRASSET, ÉDITEUR
61, Rue des Saints-Pères, 61
1921

PRÉFACE

Il est bien vrai, mon cher Sabini, que la France et l'Italie se connaissaient peu ou mal quand vous prîtes à tâche de mettre votre patrie en conjonction guerrière avec la nôtre. Il est bien vrai qu'il a fallu de patientes intrigues ici, chez vous des surprises d'opinion et de passion pour que ce qui a été, fût, pour que deux héroïsmes fussent associés dans une imparfaite victoire. Il est bien vrai que tout cela, aujourd'hui, paraît légende, idylle et miracle dans le faible recul des années troubles qui nous séparent de nos émois communs.

Est-il vrai qu'il ne reste rien, si ce n'est de l'amertume, de ce qui alimenta durant les mois d'épopée la vie pareille de nos peuples fraternels? Vous le dites. Les événements, les informations qui nous viennent, les propos qui vont et viennent de Paris à Rome, confirment présentement vos dires mélancoliques. Nos égoïsmes sacrés s'opposent et nous opposent. Vous admettez avec mauvaise humeur nos revendications et nous supportons avec mauvaise grâce vos doléances. Nos bouderies répliquent à vos injustices.

Officiellement, tout est bien. N'avez-vous pas choisi pour vous représenter auprès de nous l'incomparable courtoisie du Comte Bonin-Longare, la perfection diplomatique du Comte Bonin-Longare? N'avons-nous pas maintenu auprès du Quirinal le vétéran chevronné de nos entreprises d'amitié, M. Barrère, que connut et qu'apprécia en d'autres temps votre chef du Gouvernement l'illustre Giovanni Giolitti? Aucune apparence officielle ne contredit la lettre de notre alliance.

Mais le sentiment ne vivifie plus le traité. Vous en souffrez. Je m'en plains. La paix en pâtit. A qui la faute? Que faire? Votre livre qui est vrai, direct et courageux, n'est pas — à mon gré — suffisamment brutal en ses conclusions. D'avoir tant osé aux jours de terreur, d'avoir méconnu les us et les rites et les protocoles pour aller droit au service de votre idéal, on jurerait qu'il vous est demeuré un repentir d'homme trop bien élevé qui se traduit en excès de prudence et de politesse.

A qui la faute? Aux vôtres et aux nôtres. Aux nôtres, pour leur part. « Nous voilà bien avancés avec notre ladrerie! » écrivait, en 1918, Louis

Bertrand à propos de la France et de l'Italie (1). Sauf après Caporetto, sauf en soldats et en millions, nous avons été, en effet, chiches ou ladres avec l'Italia irredentista. Nous avons surestimé nos propres créations en Europe centrale pour évaluer au-dessous de leur prix durable les aspirations ethniques de l'italianité. Il ne fallait pas discuter de Fiume et de son poète au caf' conc' des chancelleries. Il ne fallait pas médire des ambitions techniques de cette Italie dont Nitti posait la candidature à la succession de l'Allemagne industrielle. Il ne fallait pas que M. Clemenceau traitât par dessous les Alpes, le pays où Cavour et Garibaldi se conjuguent traditionnellement.

Mais, de vrai, nous en sommes — vous et nous — au même point de déconvenue dans la gloire. Vos héros, comme ceux de France, attendaient la fin de la guerre d'ombre et d'horreur avec l'espoir qu'une aurore exceptionnelle surgirait au sortir de cette nuit géante.

« Et le jour s'est levé comme les autres jours. » (2)

Misère des peuples retombés dans le médiocre et le quotidien, retombés aux querelles après s'être exaltés au-dessus d'eux-mêmes pour la bataille!

____

(1) Louis Bertrand « Les pays méditerranéens et la Guerre » p. 221.

(2) Renée Vivien, Etudes et préludes.

Misère des peuples tout entiers réduits au sort des demi-soldes et qui s'envient l'un l'autre dans l'igno- rance où ils sont de leurs douleurs respectives ! Que voilà bien, au tréfond, ce qui explique le désenchantement italien ! ce qui excuse l'indiffé- rence bougonne des Français ! Chacun est occupé de sa seule peine.

Mais les misogalli n'en sont pas moins des per- sonnages surannés, de pénibles revenants. Eh quoi ! il y aurait doute encore sur le parti utile qui s'offrait à l'Italie entre la Triplice et l'Entente ! il y aurait doute sur la faillite du système d'alliances dont le Marquis de San Giuliano se fit l'adroit syndic ! il y aurait doute sur le bilan de profit et de grandeur que peut dresser, que doit dresser l'Italie après l'épreuve et la délivrance ! il y aurait doute sur la nécessité où nous sommes, où vous êtes d'instituer dans la durée un accord cordial pour la Méditer- ranée, pour l'Afrique, pour l'Asie elle-même ! Ah, que non pas ! L'Italie ne commet pas d'erreurs de comptes. Des bouderies, des soupçons, des nerfs ! Rien de plus.

Mais je suis d'accord avec vous, mon cher Sabini, pour souhaiter et réclamer que par un chan- gement de méthode, par un contact de peuple à peuple, nous rapprochions ceux qui furent et devraient être toujours unis. Quand les nations se mettent en défiance, il faut des siècles ou des guerres avant que soit liquidée cette défiance. Sans en être venus à nous défier, depuis quelque temps déjà, nous avons cessé de nous confier. Il s'agit de rétablir la confiance mutuelle.

Comment?

Par le respect mutuel qui doit être enseigné dans nos tribunes et nos journaux,

Par la ferme résolution que nous aurons de ne point nous mêler à la politique intérieure d'un chacun,

En nous abstenant de donner l'investiture ou de jeter l'anathème aux chefs que chaque allié désigne dans la pleine liberté de son choix,

En tolérant que nous ayons à l'appui d'ambitions légitimes, mais divergentes, des façons de diplomatie propres à notre caractère national.

Moins d'accords verbaux sur les procédures internationales! Plus de cordialité vraie, plus de compréhension sensible! Nous vivons — côte à côte — vieux peuples splendides, nantis désormais de tout ce qui satisfait le plus exigeant orgueil. Il n'est plus que règlements d'affaires à redouter pour notre amitié. Qu'est-ce que cela, quand l'amour-propre est hors de cause? La concurrence sur les marchés n'est pas dangereuse pour des alliés quand il n'y a plus motif de concurrence sur les mers ou les continents.

Comme vous, je suis pour le bloc des latins, pour l'alliance italo-française avec adjonction de l'Espagne, pour l'alliance juste, possible et salutaire dont la permanence serait un des plus sûrs gages de la paix mondiale. Ce vœu est conforme au credo des hommes qui ont doté de pensées la France moderne. Je le forme avec vous, dans le moment le plus critique de nos relations d'après-guerre. C'est un vœu et c'est une conviction.

Nous allons fêter Dante d'une même âme. Il faut que ces fêtes soient une communion ardente où disparaissent les péchés de nos malentendus !

Et voici que ma préface d'ami, commencée sur une évocation de souvenirs émus, s'achève sur une prière de patriotisme latin.

Cordialement à vous :

A. DE MONZIE.

Avant-Propos

Je fis pendant les premiers mois de la guerre, de nombreuses démarches, soit près de M. Poincaré, Président de la République, soit près des Ministres responsables, Italiens et Français, tels que MM. Briand, Viviani, Salandra, Martini et autres.

A partir du 7 août 1914, après une première conversation avec M. Clemenceau, tous les soirs pendant trois mois, j'ai noté scrupuleusement tout ce qu'on avait dit, fait, écrit, pendant la journée.

Ce journal me fut dicté par mon patriotisme inquiet et aiguillé sans cesse vers une œuvre de collaboration et d'union avec la France.

Ecrit et terminé depuis longtemps, il est resté enfermé dans mes cartons, au milieu d'autres papiers, tant que j'ai été membre de l'Ambassade d'Italie à Paris.

Aujourd'hui j'ai l'idée bizarre de le publier.

Comme préface, j'ai reproduit un historique rapide sur l'origine de la guerre et sur les évènements des premiers mois de 1914.

Comme conclusion, j'y ai ajouté quelques pages sur la nécessité de notre intervention et sur les résultats de la guerre.

Je persiste à croire que la neutralité aurait été une erreur. J'estime, d'autre part, que les résultats de la guerre ont été appréciables mais bien insuffisants.

J'ai enfin saisi cette occasion pour prêcher encore une fois une alliance entre la France et l'Italie, alliance qui, à mon avis, est une nécessité, alliance qui se fera tôt ou tard, malgré tous les obstacles qu'Italiens et Français lui opposent à plaisir.

En dehors de la préface, de la conclusion, et de quelques portraits (1) des plus importants personnages politiques français, j'ai reproduit mon journal tel que je l'ai lu en novembre 1914 à M. Bergamini, directeur du *Giornale d'Italia*, à M. Ferdinando Martini, Ministre des Colonies, à M. André Torre, député, et à S. E. Mattioli Posqualini, Ministre de la Maison Royale à Rome.

Devant la meute des démagogues et des sans-patrie, neutralistes et défaitistes d'hier, d'aujourd'hui et de demain, il me plaît de revendiquer avec fierté l'honneur d'avoir, de mon initiative et sous

---

(1) Ces portraits n'offrent aucun intérêt pour le public français, car ils ne contiennent rien de neuf ou de sensationnel. Ils ont été esquissés pour les lecteurs italiens, parfois mal renseignés sur les hommes et les choses françaises.

ma responsabilité personnelle, fait à Paris les premiers pas pour associer la France et l'Italie dans la guerre et pour jeter les bases d'une alliance entre les deux pays.

A certains personnages sérieux, dont la suffisance ne cache pas le vide solennel de leur cerveau, je ferai remarquer qu'en août 1914 la France nous offrait des conditions bien plus avantageuses que celles obtenues par eux huit mois plus tard (1).

Je leur dirai aussi que l'alliance entre l'Italie et la France envisagée en ce moment-là par des hommes tels que Poincaré, Clemenceau, Briand et Viviani n'était que l'acheminement vers un plus vaste système d'alliances entre peuples de la même race, tandis que, grâce à leur politique, nous sommes encore en pleine incohérence.

Les notes que je publie n'ont aucune prétention ni littéraire, ni politique.

Elles ne sont que l'expression de mon patriotisme exaspéré et de ma profonde affection envers la France que je considère comme ma seconde patrie.

-----

(1) Je sais que mon récit est incomplet. Pour donner une idée exacte des négociations faites à Paris et à Bordeaux en 1914, il faudrait publier les dépêches envoyées à Rome par M. Tittoni, Ambassadeur d'Italie, en août, septembre et octobre 1914. Nous sommes peut-être trop jeunes pour les lire !

Elles n'ont qu'un but: servir mon pays, et pousser l'opinion publique vers une alliance entre l'Italie et la France.

Je dédie ces pages aux personnages français et italiens qui m'ont aidé, encouragé, qui m'ont témoigné une sympathie et une confiance dont je garde un impérissable souvenir.

Ils sont tous vivants; je les prie de lire entre ces lignes l'expression de ma profonde reconnaissance.

SABINI.

1. — Quelques considérations générales

En 1871, l'Allemagne avait gagné la dernière manche dans la lutte, qui depuis des siècles se poursuivait sur le Rhin. Après son triomphe elle régentait l'Europe.

La conclusion de son alliance avec l'Autriche, en 1879, ne fit qu'affermir et consolider l'hégémonie allemande. Trois ans plus tard, en 1882, l'alliance avec l'Autriche était transformée en Triple Alliance, par l'adhésion de l'Italie. De ce fait, la suprématie germanique recevait une assise plus vaste et une liberté d'action plus grande. L'Allemagne affermissait sa main-mise sur l'Europe.

Contre la France, il y avait l'Italie; contre la Russie, l'Autriche. Et puisque les Alliés étaient aux ordres de Berlin, en réalité l'Allemagne dominait à sa guise et à son gré. De plus, en 1884 et 1887, on avait complété la Triple Alliance en scellant une entente secrète avec la Russie, une contre-assurance, qui parachevait l'isolement de la France, amenait la Russie à garantir la Triple-Alliance, et partant, asservissait de plus en plus le vieux monde sous le sceptre des Hohenzollern.

D'autre part, après le désastre de 1870, la France, vaincue et immobilisée en Europe, obligée de concentrer son activité dans l'Afrique et l'Asie, avait prolongé la mère-patrie au-dessus de la Méditerranée et fondé son admirable domaine colonial. Cependant, elle n'avait pas renoncé à reconstituer l'équilibre européen rompu en 1871. A cet effet, vingt ans après la débâcle, le 31 août 1891, elle réussissait à signer une alliance avec la Russie. C'était là son premier pas pour sortir de l'isolement où l'avait jeté la défaite. Ensuite, les accords italiens de 1898 et 1902, et l'accord franco-espagnol de 1904 lui donnèrent une action politique plus stable, plus large et une autonomie diplomatique plus effective. Conclus, non contre, mais en dehors de l'Allemagne, ces accords acheminaient l'Europe vers l'équilibre des forces internationales et représentaient une garantie de plus pour la paix du monde. En même temps, la France trouvait un concours inespéré dans la politique du roi Edouard VII, dans l'accord du 8 avril 1904 et dans l' « *Entente cordiale* » avec l'Angleterre. Enfin, l'accord de Reval du 31 octobre 1907 vint consacrer le rapprochement anglo-russe.

L'équilibre européen, détruit en 1871 au profit de l'Allemagne, était ainsi à peu près rétabli, car à travers l'alliance franco-russe, l'entente cordiale et l'accord anglo-russe s'était formée une *Triple Entente* qui désormais s'affirmait et se dressait en face de la *Triple Alliance*.

Bref, de 1871 à 1907, l'Allemagne avait lutté pour la suprématie, la France pour l'équilibre (1). Le conflit était resté purement diplomatique. Mais on pouvait prévoir que « les risques de guerre l'emporteraient sur les chances de paix ».

Dans ce cas, l'adhésion italienne, qui à partir de 1900 manquait d'enthousiasme, constituait le point faible de la cuirasse allemande. La Triple Alliance se trouvait en quelque sorte neutralisée par les accords intervenus entre l'Italie et la France concernant la Méditerranée. Il faut noter de même, du côté français, que l'entente franco-anglaise n'engageait en rien les deux pays en cas de conflit armé et qu'elle ne pouvait pas être considérée comme une véritable assurance en cas de guerre.

De toute évidence, l'équilibre européen était fondé principalement sur deux groupes d'alliance, austro-allemand d'une part, et franco-russe d'autre part. On voit aussi que ce dernier groupe était en condition de manifeste infériorité, car, au bloc des

---

(1) V. A. Tardieu : *La France et les Alliances.*

puissances centrales, il ne pouvait opposer ni la même unité de direction et d'action, ni les mêmes avantages d'ordre militaire, ni enfin l'homogénéité que les intérêts, la géographie et la nature assignaient au bloc austro-allemand.

Vers 1913, l'Autriche étant réduite au rôle de « brillant second », l'Allemagne seule régnait en Europe.

Une puissance militaire et navale unique au monde, une expansion économique sans pareille, un ensemble de traités garantissant l'avenir lui assuraient une prépondérance incontestable dans la politique mondiale. Le génie de l'organisation, le sentiment de l'ordre et de la discipline, la coordination des efforts, un esprit scientifique, un travail opiniâtre achevaient de la consolider. Bon gré, mal gré, l'Europe entière semblait résignée au fait accompli !

L'Histoire dira comment et pourquoi l'orgueil et la mégalomanie d'un simple mortel et d'une coterie frénétique ont détruit la grandeur d'un peuple.

Ici, je dois me borner à reconnaître la réelle suprématie que l'Allemagne exerçait sur le monde, et, d'une façon toute particulière, sur l'Italie. Il n'est point niable que les progrès réalisés dans la finance, le commerce et l'industrie, dans la science, dans l'organisation sociale et, en général, dans tous les domaines de l'activité italienne, étaient dûs, en grande partie, à l'influence et à l'alliance allemandes. C'est pour cela que l'opinion publique italienne avait fini par se rallier au traité de la Triplice, malgré sa répugnance instinctive pour une action commune avec l'Autriche.

Ceux qui prêchaient une autre politique, ceux qui envisageaient une alliance avec la France, étaient fort rares; ils n'avaient pas de représentants dans les conseils du gouvernement et presque pas de partisans dans les masses populaires.

J'étais de ceux-là. Je n'ai jamais partagé les sentiments germanophiles de mes compatriotes, et je me suis obstiné depuis vingt-cinq ans à dire et écrire que la politique italienne ne peut avoir d'autres bases qu'une véritable alliance militaire, politique et économique avec la France: alliance étroite, stable et sincère. Je suis donc tout à mon aise pour ne pas sousestimer l'Allemagne, pour reconnaître ses bienfaits et ses mérites envers l'Italie.

Pour expliquer les succès allemands, pour être juste, je dois ajouter qu'à Paris on ne faisait pas grand'chose pour fortifier les sympathies et pour resserrer les liens entre nos deux pays.

En effet, l'Italie, sous la direction de Prinetti et de Visconti-Venosta, avait cherché, malgré la Triple alliance, à engager une politique d'entente avec la France, politique fondée sur leur communauté d'intérêts dans la Méditerranée, et sur des accords ouvriers et financiers.

Mais des incidents fâcheux, des articles de presse assez malveillants, et surtout l'Affaire du *Manouba* et du *Carthage* (à laquelle j'avais été directement mêlé) avaient rejeté l'Italie dans les bras de l'Allemagne. Le retour à la Consulta de MM. Tittoni et di San Giuliano, ayant comme programme l'application stricte et rigide du traité de la Triplice dans sa lettre et dans son esprit, était le résultat des maladresses commises à Paris.

Je sais bien que l'Italie, faisant partie de la Triple Alliance, était suspecte, et qu'en général on prêtait une médiocre confiance aux déclarations officieuses affirmant que le traité de la Triplice ne contenait aucune clause contre la France. Je me rappelle aussi que, pour bien des Français, l'Alliance franco-russe constituait une assurance suffisante en cas de conflit armé avec la Triplice.

Et, d'autre part, j'en conviens, les milieux officiels italiens, idolâtrant la toute puissance germanique, craignaient d'affaiblir l'alliance avec l'Allemagne par des tours de valse sans lendemain.

La vérité est que l'armée, la finance et l'Université, entièrement acquises à l'influence germamanique, poussaient l'Italie de plus en plus dans les bras de son alliée.

Enfin, je ne veux pas oublier que les hommes responsables de la conduite des affaires, donnaient une autre raison pour consolider les liens entre Rome et Berlin. Je fais allusion aux rapports entre l'Italie et l'Autriche. A cet égard, M. Nigra, ambassadeur de S. M. à Vienne, avait remarqué avec beaucoup de finesse que pour ses rapports avec l'Autriche, l'Italie devait choisir entre « l'alliance ou la guerre ». Personne à Rome ne voulant faire appel aux armes, tout le monde avait fini par accepter l'alliance austro-italienne conditionnée par le traité de la Triplice. Le gouvernement et la grande majorité du peuple italien croyaient même que les démêlés de M. Tittoni avec le comte d'Aerenthal, le discours prononcé à la Chambre par M. Fortis, ancien Président du Conseil, les projets agressifs de Conrad von Hœtzendorf, la politique maladroite de l'Autriche envers l'Italie, les incidents qui, presque journellement, troublaient l'alliance italo-autrichienne, prouvaient la nécessité de consolider la Triple Alliance.

Eviter toute possibilité de conflit et collaborer à la paix qui durait depuis quarante ans, voilà le fond, le but de toute la politique italienne. J'ai déjà dit que contre cette majorité s'élevait l'opinion de quelques-uns qui prêchaient, d'ailleurs sans aucun succès, la nécessité d'une alliance entre l'Italie et la France pour contrebalancer la toute puissance allemande et rendre ainsi moins précaire la paix européenne.

Cependant, les événements suivaient leur cours. L'Allemagne devenait de plus en plus pangermaniste. Les dépenses militaires progressaient effroyablement: c'était un véritable budget de guerre ! (1)

De plus en plus outrecuidants, les partisans de la guerre, très influents quoique moins nombreux, ne cachaient plus leurs sentiments. D'après eux, l'augmentation considérable de la population, la surproduction industrielle, la coalition réunie par le roi Edouard VII, le besoin d'élargir le domaine colonial, la nécessité de tirer parti soit des sacrifices consentis pour l'armée et la marine, soit de la supériorité militaire austro-allemande, rendaient la guerre inévitable.

Le fol orgueil qui empoisonnait le pays tout entier, le culte de la force, l'âpre désir de dominer sur le monde, tout cela faisait prévoir une catastrophe.

L'empereur lui-même semblait acquis, vers 1913, à ces idées belliqueuses. « L'épée aiguisée », « la poudre sèche » et autres expressions semblables fleurissaient ses discours. Evidemment, l'influence des hobereaux prussiens, du

---

(1) Les crédits ordinaires pour 1913-14-15 étaient de 400 millions de marks, et les crédits extraordinaires de 900 millions de marks.

parti militaire, de la cour et de la famille impériale, agissaient sur lui. L'esprit pacifique de la bourgeoisie commerçante et industrielle, inquiétée par la course insensée aux armements, et les motions du parti socialiste en faveur de la paix, ne faisaient qu'exaspérer le Kaiser. Flatté par ses courtisans, par ses généraux, par ses apologistes, jaloux aussi de la popularité de son fils, convaincu de l'écrasante supériorité de l'armée allemande, sûr de la victoire, il marchait vers la guerre.

Déjà en mai 1913, l'Allemagne et l'Autriche une première fois, pour l'affaire de Scutari, avaient risqué de provoquer un conflit avec la Russie. En août de la même année, une deuxième fois la paix avait été en danger, et la guerre évitée seulement parce que l'Italie s'était refusée à s'associer avec ses alliées dans une action énergique contre la Serbie. Bref, l'Autriche provoquait, l'Allemagne préméditait.

Malgré cela, l'Italie et la France restaient pacifiques. Seuls la Ligue des Patriotes Français, les irrédentistes italiens et quelques rares hommes politiques se préparaient à la guerre.

En France, M. Clemenceau était de ceux qui la croyaient inévitable, et, à plusieurs reprises il m'avait exprimé ses vues à cet égard. C'est le seul homme politique français qui m'ait parlé ouvertement de la fatalité imminente d'un conflit armé.

Dès 1912, après le coup d'Agadir, il avait suivi de très près les agissements du gouvernement impérial. Il en avait deviné les projets. Il voyait la situation sans issue. Impuissant à arrêter les événements, il s'efforçait d'assurer à la France les concours nécessaires pour faire face à l'Allemagne. Ceci explique sa campagne ardente pour la loi de trois ans et sa politique vis-à-vis de l'Angleterre et de l'Italie. Témoin de ses efforts, j'ai été aussi son modeste collaborateur en ce qui concerne l'Italie. Lors de son premier séjour à la Présidence du Conseil, il m'avait déjà chargé de proposer à Rome une alliance offensive et défensive et j'en avais parlé au Marquis di San Giuliano, sans obtenir aucune réponse. Depuis, dans toutes les affaires concernant l'Italie, j'avais trouvé chez lui un appui sans conditions. Que ce fût à l'occasion de tractations économiques, ou lors de l'affaire du *Manouba* et du *Carthage*, en toutes occasions, M. Clemenceau avait contribué à chasser les nuages et à surmonter les difficultés entre l'Italie et la France. Son but était évident : détacher l'Italie de l'Allemagne, ou tout au moins la neutraliser. Combien de fois lui ai-je affirmé que jamais un soldat italien ne se battrait à côté d'un soldat autrichien ! Combien de fois lui ai-je donné l'assurance formelle (même de la part de M. Tittoni), qu'en renouvelant le traité de la Triple Alliance, on n'y avait inséré aucune nouvelle clause portant atteinte à la sécurité de la France !

Mais en dehors de M. Clemenceau et de quelques rares écrivains, personne ne sentait venir la guerre !

En général, le Parlement, les partis politiques, la haute finance, le commerce et l'industrie n'y croyaient pas. La France, dans son ensemble, était foncièrement pacifique. La loi pour le service militaire de trois ans ne fut qu'une juste riposte aux lois militaires votées en Allemagne.

Survint le 28 juin 1914 et l'attentat de Sarajevo. Ce fut le feu aux poudres. Il était évident que l'Autriche voulait saisir cette occasion, non pas pour venger l'archiduc, mais tout simplement pour assassiner à son tour la Serbie. Malheureusement, le Comte Berchtold ne s'était pas rendu compte des complications incroyables qu'allait faire surgir en Europe sa politique de provocation. En tout cas, il ne pouvait pas offrir meilleure occasion au parti belliqueux allemand pour déchaîner une guerre, dans laquelle toutes les grandes puissances auraient été entraînées.

Sur ces entrefaites, le 20 juillet 1914, j'avais pris mon congé, espérant que la guerre n'éclaterait pas de sitôt. Je désirais passer quelques semaines sur les bords de l' « Amarissimo Adriatico ».

II. — LA GUERRE

Mais, dès mon arrivée en Italie, les événements
s'aggravèrent journellement. Le 23 juillet une nouvelle note autrichienne était remise à Belgrade. Il
était de toute évidence que l'Autriche voulait profiter de son immense supériorité militaire pour impo-
ser à la Serbie ses exigences, offensantes pour l'honneur et l'indépendance serbes. Les journaux italiens
étaient remplis de nouvelles plus ou moins authen-
tiques. Cependant on pouvait facilement se rendre
compte que gouvernements et diplomates ne réus-
sissaient pas à vaincre la passivité allemande et l'intransigeance autrichienne. On devinait que l'Angleterre, sous la conduite débile de Sir Edward Grey,
ne voulait pas s'engager à fond et que cela rendait
plus difficile une solution pacifique.

Seules la France et l'Italie, fidèles à leur politique de paix, agissaient, d'ailleurs sans grands succès, pour éloigner le fléau d'une guerre épouvantable.

En attendant, les événements se succédaient avec
une rapidité foudroyante. Le 25 juillet, le Ministre
austro-hongrois quittait Belgrade; le 26 l'Autriche

procédait à une première mobilisation; le 27 la Russie, l'Allemagne et la Belgique prenaient des mesures militaires : le 29 Belgrade était bombardée par les Autrichiens; le 30 les Austro-Allemands et les Franco-Russes armaient ou mobilisaient.

L'Italie observait, attendait, car personne ne voulait marcher avec l'Autriche et le sentiment public était contre toute espèce d'aventure. Le 30 au soir, les journaux inspirés par M. Salandra, Président du Conseil, laissaient comprendre que l'Italie, le cas échéant, proclamerait sa neutralité.

Le jour suivant, 31 juillet, l'Allemagne remettait son ultimatum à la Russie. Le 1ᵉʳ août elle le notifiait à la France !

C'était la guerre mondiale. La déclaration de guerre à la France réveillait toute ma tendresse et toute mon affection envers le pays que j'ai toujours considéré comme ma seconde patrie. C'était l'heure du danger. Il fallait rentrer immédiatement à Paris. En partant, je télégraphiai au Marquis di San Giuliano, Ministre des Affaires Etrangères : « Suis en congé. Rentre immédiate-
« ment Paris. Si mes modestes services sont sus-
« ceptibles de vous être utiles, vous pouvez mettre
« à profit les nombreuses sympathies que je me
« suis créées dans le monde politique français pen-
« dant mon long séjour à Paris ». Pas de réponse !
Le 2 août, en cours de route, j'apprends que l'Al-

lemagne a envahi le Luxembourg. Le 3 août, les journaux du soir, à Milan, annoncent que les avant-gardes allemands sont en territoire français et que la Belgique est également envahie. Le 4 août, je traverse la Suisse qui est en pleine mobilisation. Le 5, je passe la frontière à pied; et par des moyens de fortune, j'arrive à Pontarlier où j'apprends que le 4 août, le gouvernement Britannique a enfin notifié l'état de guerre à l'Allemagne.

En violant la neutralité belge, garantie par l'Angleterre, l'Allemagne avait donc déclanché l'intervention anglaise ! La France, désormais, pouvait compter sur la flotte, la marine marchande, les finances, les colonies, l'armée, bref, sur toute la puissance de l'Empire Britannique engagé dans une lutte mortelle contre l'Allemagne.

C'était l'ouragan des forces nationales qui emportait comme un fêtu de paille l'équilibre européen, ce chef-d'œuvre dont les chancelleries européennes nous avaient rebattu les oreilles depuis cinquante ans. Les diplomates, surpris par les événements, montraient leur éternelle impuissance. La force des armes se substituait aux logomachies de ces nobles personnages.

J'ai hâte de rentrer. Pas de trains. Heureusement je puis prendre place dans une auto militaire qui part pour Paris.

Sur les routes, des soldats, rien que des soldats.

Un grand souffle élevait les âmes, les cœurs battaient assoiffés d'un seul idéal, la sauvegarde de la patrie.

Dans les villages, les vieillards, les femmes et les enfants, sans une larme, sans un regret, figés dans une volonté d'acier, étaient l'image du pays qui se levait comme un seul homme pour la défense du sol national. La République se dressait devant l'Empire. Ses enfants, graves et silencieux, prêts à mourir ou à vaincre, s'acheminaient, le sourire aux lèvres, vers les champs de bataille où allait se jouer l'existence même de leur pays. Moments épiques et effroyables ! Prélude de la mise à feu et à sang de l'Europe !

III. — A Paris, M. Georges Clemenceau
et notre première conversation

Pendant mon trajet le souvenir des années pas-
sées à Paris me revenait avec une tendresse jusqu'alors inconnue. Certaines figures familières se
présentaient à mon esprit et, tout particulièrement,
M. Clemenceau, avec son masque jacobin, son
visage énergique et pensif, avec ses yeux noirs et
perçants, ses sourcils en broussailles, sa grosse mous-
tache tombante sur une machoire large et volontaire.
Il m'apparaissait comme un instrument magnifique
pour la défense de la France.

Je sais que mon plus grand mérite serait d'écrire
le moins possible. Cependant je ne veux pas laisser
échapper cette occasion sans esquisser une figure
telle que celle de M. Clemenceau, de cet homme
prodigieux d'action et de volonté. Son air est cas-
sant et brutal. Impitoyable pour ses adversaires, dé-
molisseur d'hommes, de partis, de ministères, orateur
redoutable, il est acerbe même pour ses amis. Et je
pense aux contrastes de sa personnalité. Il vous
charme, il vous attire par son esprit libéral, son

idéalisme, sa générosité humaine — et en même temps il vous effraie par son despotisme autoritaire, son culte de la force, et ses haines impitoyables. Contrastes apparents, car la vie de Clemenceau est un vrai bloc de bronze. Ses défauts sont la contre-partie de ses admirables facultés. Une seule flamme éclaire toute sa vie, une seule foi la remplit : la France toujours et partout.

Que de souvenirs ! Témoin de la défaite de 1870, à Bordeaux il proteste contre l'annexion de l'Alsace-Lorraine à l'Allemagne. Rentré à Paris, pendant le Siège et la Commune, il risque de se faire fusiller pour son courage civique qui reste à la hauteur de toutes les circonstances.

Il n'aime que « l'action désintéressée, supérieure
« aux puériles glorioles, aux rémunérations des
« rêves d'éternité, comme aux désespérances des
« batailles perdues ou de l'inéluctable mort: l'ac-
« tion en évolution d'idéal, unique force et totale
« vertu ».

Ses craintes et ses espoirs, ses ardeurs et ses fai-blesses, ses mérites et ses erreurs, tout ce qu'il a dit, écrit, fait, simple citoyen ou Président du Con-seil, toute son action, toute sa vie ne sont qu'une bataille de cinquante ans — un seul acte de sa foi patriotique et républicaine.

Fier et inflexible, il secoue les opportunistes et les socialistes internationaux. Adversaire de la politique bourgeoise et religieuse, que le Prince de Bismarck favorisait pour créer des difficultés à la France et pour l'affaiblir en Europe, Clemenceau s'élève contre les conquêtes coloniales. Ensuite, c'est à lui que l'on doit le salut des libertés publiques pendant le boulangisme. Polémiste admirable et républicain de race, de sentiments et de tempérament, il défend, pendant l'affaire Dreyfus « la conscience individuelle contre l'appareil formidable de l'Etat soutenu par l'inconscience des foules ».

Orateur superbe, dans ses joutes oratoires, il connut bien des victoires. J'ai assisté à quelques séances de la Chambre des Députés. Mordant, caustique, ironique avec des railleries aiguisées et des traits acérés, je vois Clemenceau avoir raison de l'éloquence sonore, abondante, fleurie de rêverie et d'images, ornée de chutes majestueuses et harmonieuses, qui était propre au génie de Jaurès. Clemenceau a un genre d'éloquence tout à fait personnel. Ce vendéen entêté est à l'occasion un méridional fougueux. Il s'impose.

Je l'ai vu triomphateur et je l'ai vu aussi mordant la poussière. Je l'entends encore en 1909, s'adressant à Delcassé et lui disant : « Vous nous « avez conduits à la plus grande humiliation que « nous ayons connue ». Je l'entends lui répétant, avec une véritable haine : « Nous devons avoir le « droit de regarder nos adversaires avec fierté. Je

« n'ai jamais humilié la France, je dis que M. Del-
« cassé l'a humiliée ». C'est alors que je l'ai vu
tomber, victime de son tempérament. Pris dans la
chausse-trappe creusée par son ennemi, il renversait
son propre cabinet. Peu importe !

J'en reviens à la guerre. Clemenceau m'avait
parlé de l'Allemagne comme d'une race forte,
barbare, avide d'acquisitions territoriales et de
domination. L'Allemagne procédant à des conquêtes nouvelles pour garantir son hégémonie
dans le monde, l'Allemagne décidée à en
finir avec la France sur les champs de bataille
abreuvés par le sang français, cette vision du conflit
inévitable était pour Clemenceau un souci constant.
S'adressant à la jeunesse française, il avait dit:
« Nous vous voulons intellectuels, sans doute, jeunes
« gens, mais soldats !... Soldats, cela veut dire
« hommes de discipline et d'abnégation, capables
« du sacrifice nécessaire pour mettre au service des
« justes causes la puissance qu'il crée en apport
« de dévouement... N'est-ce pas le suprême
« achèvement de l'homme de pouvoir donner sa vie
« pour une idée ?... »

J'ai déjà dit que depuis longtemps il m'avait prédit le conflit épouvantable qui venait d'éclater, et
que son intervention, sa campagne pour la loi de
trois ans, lui fut dictée par une vision très nette
du danger.

Et il m'avait questionné sur l'attitude de l'Italie. Je lui avais donné tous les apaisements possibles sur notre attitude. Mes affirmations ne lui suffisant pas, un jour je lui avais apporté au Sénat l'assurance écrite de M. Tittoni, disant que le Traité de la Triple Alliance était purement défensif et qu'il ne contenait aucune clause contre la France. Lors du renouvellement de la Triplice, mêmes inquiétudes de la part de Clemenceau, mêmes apaisements de la part de M. Tittoni. Je crois me rappeler que notre ambassadeur s'était rendu, un matin, rue Franklin pour confirmer ses déclarations antérieures. Vers la fin avril 1914 Clemenceau avait perdu toute confiance dans le maintien de la paix et il m'avait dit textuellement : « Dans trois mois nous aurons la guerre. L'Italie sera-t-elle contre nous ?» Je lui avais répondu: « Soyez tranquille, l'Italie « ne marchera jamais avec l'Autriche, les soldats « italiens ne se battront jamais contre la France ». Enfin, ayant fréquenté beaucoup M. Clemenceau, soit au Ministère, soit chez lui, rue Franklin, soit à son journal, ayant eu des preuves indiscutables de son entière confiance, c'est à lui que je devais m'adresser en tout premier lieu.

Aussi, je lui télégraphie de Dijon:

« Repars ce soir. Prière bien vouloir me laisser « chez moi un rendez-vous pour demain soir. »

6 *Août*. — J'arrive à Paris à 16 h. 1/2. A 19 heures je me rends chez Clemenceau qui me reçoit immédiatement. Dans les circonstances particulièrement émouvantes où nous nous trouvons il m'embrasse avec effusion. Pour amorcer la conversation, je lui parle de la situation pénible où sont placés les ouvriers italiens occupés en France. Je lui demande instamment d'obtenir du Gouvernement français qu'ils soient utilisés pour les travaux agricoles interrompus par la mobilisation. Naturellement, nous en venons à causer de la guerre et des événements tragiques qui en marquent les débuts. Clemenceau ému me félicite pour la neutralité déjà décidée et annoncée officiellement par le Gouvernement italien.

J'en profite pour lui rappeler qu'avant et après le renouvellement de la Triplice, je lui avais porté au Sénat des billets de M. Tittoni qui lui donnaient l'assurance que la Triplice n'avait pas un caractère offensif et qu'en s'alliant à l'Allemagne et à l'Autriche, l'Italie n'avait jamais eu des intentions de guerre fratricide.

Je lui rappelle aussi qu'à l'époque où il était Président du Conseil, j'avais transmis à M. Tittoni et au Marquis di San Giuliano, la proposition faite verbalement par lui-même, d'une alliance défensive et offensive franco-italienne.

Il me dit que l'Italie ne saurait s'en tenir à une simple neutralité.

Ces points éclaircis, nous décidons d'un commun accord, dans l'intérêt de nos deux pays, de commencer les démarches nécessaires pour obtenir que l'Italie aide la France et intervienne à ses côtés sur les champs de bataille. Nous pesons les arguments les plus décisifs et nous examinons les projets les plus aisément réalisables. Mais une violente émotion nous gagne l'un et l'autre au fur et à mesure que notre conversation se développe : nous nous sentons trop agités, trop fiévreux et nous décidons de reprendre l'entretien avec plus de calme dès demain.

Je passe toute la nuit à réfléchir et à prendre des notes sur ce que je dois dire à M. Clemenceau.

IV. — Vers l'Alliance entre la France et l'Italie

7 *Août*. — A neuf heures, je suis rue Franklin. Je commence par dire à Clemenceau que j'avais bien réfléchi, et qu'à mon avis, pendant les premiers mois des hostilités, l'Italie ne pouvait que rester neutre. Je lui en explique les raisons:

« Nous devrions déclarer la guerre à l'Autriche,
« lui dis-je. Mais la puissance militaire autrichienne
« est de tout premier ordre. Le colonel Zaccone,
« notre attaché militaire, qui la connaît à fond,
« m'a assuré que l'armée autrichienne vaut l'armée
« allemande, et qu'elle lui est même supérieure
« pour ce qui concerne l'artillerie. Et puis, l'Au-
« triche depuis longtemps, et même en pleine
« alliance, s'est préparée à la guerre contre nous.
« Ses fortifications sont formidables, ses lignes stra-
« trégiques complètement achevées, ses routes
« prêtes à l'invasion, ses plans étudiés dans les
« moindres détails. — A tout cela, l'Italie que
« peut-elle opposer? Nous sortons d'une guerre de

« deux ans. Sur nos cinq classes sous les armes,
« deux se sont déjà battues. La flotte mobilisée
« depuis deux ans a besoin de réparations. Nos
« frontières de l'Est sont ouvertes à l'invasion
« ennemie. Les magasins militaires sont vides, notre
« armement bien inférieur, tous les services de l'ar-
« rière à créer, nos cadres insuffisants, tout est à
« faire ou à refaire.

« Dans ces conditions, une guerre contre l'Au-
« triche signifie nous exposer à l'invasion, mettre
« en danger l'unité italienne et envoyer à l'abat-
« toir la fleur de notre jeunesse.

« — Vous oubliez, jeune homme, me dit
« Clemenceau, que l'Autriche a fort à faire contre
« l'armée russe.

« — C'est vrai. Et c'est heureux qu'il en soit
« ainsi, lui dis-je. C'est là une occasion unique
« dont l'Italie doit profiter. Sans cela, l'Italie ne
« pourrait même pas songer à se battre contre l'Au-
« triche. En effet, c'est parce que l'armée autri-
« chienne est engagée contre la Russie que l'Italie
« peut réorganiser ses forces de terre et de mer. Et
« c'est ainsi qu'à son heure notre armée fraîche et
« bien équipée pourra entrer en ligne au moment où
« l'Autriche sera peut-être quelque peu affaiblie,
« usée par la Russie. Non, je le répète, il vaut
« mieux attendre, profiter de l'attente, et se pré-
« parer. C'est dans ces conditions que notre apport

« militaire pourra exercer une action efficace et
« décisive sur les résultats de la lutte.

« D'autre part, la guerre de Lybie, lui dis-je,
« nous a coûté quelques milliards et la situation
« du trésor italien est difficile. Il nous faut des
« garanties, soit pour nos finances, soit à d'autres
« points de vue. La France doit nous faire des
« avances en argent, nous fournir les armes, les
« munitions. En même temps, elle doit nous
« aider afin que notre population civile puisse tra-
« vailler et vivre.

« Il faut mettre tout en commun : le sang et
« l'argent.

« L'Italie est pauvre, elle ne peut donner que
« des hommes; c'est à la France de fournir le reste.

Clemenceau me répondit : « Vous avez raison.
« Il ne faut pas vous engager à la légère dans une
« affaire de cette importance. En effet, votre neu-
« tralité vous donnera le temps de prendre toutes
« mesures utiles. »

A quoi, je répliquai :

— « La neutralité nous est nécessaire pour d'au-
« tres raisons.

« Vous savez que nous avons invoqué le carac-
« tère défensif du traité de la Triplice pour refuser
« de suivre l'Allemagne et l'Autriche dans leur
« guerre offensive.

« — C'est parfait; mais invoquer certaines
« clauses pour rester neutre, cela veut dire recon-
« naître dans son ensemble tout le traité.

«— Le traité de la Triplice est donc encore en vi-
« gueur. Il faut le respecter jusqu'à ce que nous
« l'ayons dénoncé. Ce ne sera pas long. C'est une
« affaire de quelques mois. Et alors, libres de tout
« engagement, nous pourrons déclarer la guerre à
« l'Autriche. Mais pour le moment, cela est morale-
« ment impossible, d'autant plus que l'Autriche,
« je vous l'assure, pourrait envahir tout de suite
« nos provinces du Nord, rendre très difficile notre
« réorganisation militaire et nous mettre dans l'im-
« possibilité de porter une aide efficace à la France.

« Et enfin, il faut bien examiner cette question
« au point de vue de la politique intérieure ita-
« lienne. Vous savez que le Gouvernement est
« composé de Ministres qui ont affirmé leur fidé-
« lité à la Triple Alliance. A la Chambre, la
« majorité est formée de députés dévoués à la Tri-
« plice. Les cheminots menacent. Le parti socialiste
« nous est contraire. La masse du peuple pour
« l'instant est franchement pacifiste. Bref: le pays
« ne nous suivrait pas; — encore une fois, il faut
« attendre. »

Clemenceau me déclare qu'en effet, pour le
moment, ce qu'il y a de mieux à faire, c'est de

consolider la neutralité italienne et la rendre toujours plus bienveillante en donnant à la France une plus grande liberté d'action sur les frontières franco-italiennes et dans la Méditerranée, sauf à préparer notre intervention dans le plus grand secret : et cela, le plus tôt possible.

V. — LES CONDITIONS DE L'ALLIANCE FRANCO-ITALIENNE

Clemenceau me demande ce que, à mon avis, l'Italie voudrait en échange de son intervention armée. Je lui réponds d'après mes notes :

1° Alliance défensive et offensive;
2° Remboursement des frais;
3° L'Adriatique italienne;
4° Trente et Trieste et tous les territoires italiens;
5° Extension de la sphère d'influence italienne en Asie Mineure;
6° Accord, *sur un pied d'égalité*, entre l'Italie, la France et l'Angleterre dans la Méditerranée,
7° Le Dodécanèse;
8° Facilités dans le domaine douanier et économique;
9° Avantages pour l'Italie en Abyssinie.

J'ai développé et commenté longuement ma réponse.

Nous sommes tombés d'accord immédiatement sur la nécessité d'une alliance.

Clemenceau me dit : « Je vous ai affirmé autre-
« fois, et je vous répète, qu'il nous faut une alliance
« offensive et défensive de 25 ans, avec toutes
« les obligations qui comportent de part et d'autre
« un traité qui lie la destinée des deux peuples pour
« un si grand laps de temps. Je ferai le nécessaire
« pour faire mettre au point les conventions mili-
« taires et diplomatiques dans le plus bref délai
« possible.

« Pour les questions douanières et économiques,
« nous ferons tout ce qui est possible. Rappelez-
« vous que, déjà, nous avons travaillé ensemble
« lors de la dernière réforme douanière française.
« M. Pichon, auquel je vous avais recommandé très
« chaudement, est intervenu à plusieurs reprises
« auprès des Ministres compétents pour vous faire
« donner satisfaction. Je crois qu'on vous a accordé
« tout ce que vous demandiez. Méline, lui-même,
« est monté à la tribune du Sénat pour obtenir des
« facilités pour certains produits italiens.

« Naturellement, l'alliance militaire comportera
« aussi une alliance économique; il y a tout un
« ensemble de mesures qu'il faudra étudier et
« mettre au point. La France vous apportera son
« aide financière ! Nous serons non seulement des
« alliés, mais aussi des associés. Nous règlerons

« tous ces points de détail. Nous nous mettrons d'ac-
« cord sur le remboursement des frais. Nous ferons
« tout cela lorsque le principe même de l'alliance
« aura été accepté. »

Et il ajoute : « Pour ce que vous me demandez
« en Abyssinie et en Asie Mineure, pas de dif-
« ficulté. Pour le Dodécanèse et la Méditerranée,
« mon appui vous est acquis. Vous savez que je
« n'ai jamais approuvé la politique qui nous avait
« séparés et qui vous avait fait conclure le traité de
« la Triple Alliance. Cela n'avait servi qu'à aug-
« menter la force et les chances de l'Allemagne,
« qui, depuis toujours, préméditait une agression
« contre nous. Il faut que, désormais, nous soyions
« de vrais alliés. Il faut reconnaître à l'Italie les
« avantages auxquels elle a droit pour le concours
« qu'elle nous apporte au moment où se joue notre
« existence sur les champs de bataille. »

Je ne cache pas à Clemenceau qu'il est urgent
de faire connaître à Rome les offres françaises, soit
pour contrecarrer les manœuvres de l'Allemagne
qui déjà s'efforce d'obtenir le concours italien, soit
pour prévenir des offres ennemies éventuelles, soit
enfin pour paralyser les catholiques et les nationalistes qui voudraient marcher avec l'Allemagne et
l'Autriche.

« Je vous ai écouté avec attention ; je ne trouve

« pas que vos propositions soient exagérées », me
répond Clemenceau.

Une fois tombés d'accord sur les détails et l'ensemble du plan, nous en venons à étudier ensemble
les moyens de le réaliser. M. Tittoni étant absent,
Clemenceau me propose de communiquer mon plan
au Président de la République et il m'engage à
me rendre avec lui à l'Elysée, auprès de M. Poincaré.

J'accepte, en faisant toutefois cette réserve : c'est
que je parlerai uniquement en mon nom personnel.

VI. — M. RAYMOND POINCARÉ
ET L'INTERVENTION ITALIENNE

Clemenceau téléphone alors à M. Poincaré, qui nous accorde l'entretien sollicité, en nous demandant de choisir entre 11 h. 3/4 et 1 h. 1/2 de l'après-midi. Nous choisissons 11 h. 3/4 et à l'heure fixée, nous arrivons ensemble à l'Elysée.

Je prends peu de plaisir à tracer des portraits. Cependant M. Poincaré a suscité trop de discussions, il a laissé trop de souvenirs dans les cœurs italiens, pour que je puisse continuer mon journal sans esquisser une ébauche d'une personnalité si forte et vraiment supérieure. Au surplus, il occupe la plus haute magistrature de France.

Si, comme le disait le comte de Cavour, le tempérament français n'est que la logique mise au service de la passion, M. Poincaré est un des personnages les plus représentatifs de sa race. Il est lorrain d'origine. Le dehors chez lui est réservé, un peu distant, plutôt froid. Mais quelle vie et quelle passion toute intérieure !

A l'Instruction publique, aux Finances, à la Présidence du Conseil, il avait rendu de réels services à la France.

Son élection à la Présidence de la République, assurée avec le concours de la droite et des nationalistes, avait été l'objet d'attaques inouïes. Toutes les armes, les plus empoisonnées même, avaient été employées pour l'abattre. Mais tout cela n'avait servi qu'à grandir la personne morale de ce Lorrain, volontaire et dédaigneux. Comme Chef de l'Etat, M. Poincaré avait déjà fait bonne figure à l'extérieur par sa parole et sa hauteur d'esprit. En France, son origine lorraine lui avait concilié les sympathies des patriotes français qui aimaient en lui « le culte du passé, cette communauté d'espé-
« rances, cette notion du devoir, qui sont le fonds
« de l'idée de patrie et du vrai patriotisme ».

En 1910, M. Poincaré avait dit: « Ne
« craignez rien ; une patrie qui se retrouve
« devant le péril ou devant la douleur, ne
« périra pas ». La même année, à Mars-la-Tour, il avait affirmé : « Nous gardons, reliquaire sacré,
« tous nos regrets et toute notre foi dans l'avenir ».
En 1912, à Nantes, il avait précisé : « Nous restons
« étroitement attachés à la Russie, notre alliée, et
« à l'Angleterre, notre amie; nous leur resterons
« attachés par des liens entrelacés et indestruc-

« tibles : le sentiment, *l'intérêt* et la probité pu-
« blique ».

Je l'ai souvent entendu à la Chambre des
députés; il parle une langue pure et ferme, expression vivante de son goût de l'ordre et de son souci
du détail.

A travers son argumentation claire et serrée,
se reflète un tempérament de raison et de circons-
pection, l'ordre des idées dictant l'agencement des
mots.

Je savais encore qu'ayant parlé de l'Italie, cet
homme un peu sec s'était montré tendre, affectueux
même pour mon pays. C'était plus qu'il ne m'en
fallait pour avoir du respect et de la sympathie pour
lui.

Malheureusement, toute sympathie disparut d'un
seul coup, le jour où M. Poincaré, Président du
Conseil, du haut de la tribune, prononça des
paroles menaçantes contre l'Italie, lors de l'affaire
du *Manouba* et du *Carthage*.

Je me demande aujourd'hui comment il va m'ac-
cueillir.

Par bonheur, Clemenceau est là pour rompre
la glace. Et puis, les événements sont plus forts
que les hommes. Qui aurait prévu, il y a deux
mois, que Clemenceau et Poincaré se seraient récon-
ciliés? Qui aurait prévu que, dans quelques instants,

je m'entretiendrai avec le Chef de l'Etat français d'une alliance possible entre nos deux pays?

Enfin, nous sommes à l'Elysée. Le Président nous reçoit immédiatement, Clemenceau lui dit :
« Je connais Sabini depuis de nombreuses années,
« il a toujours été un ami de la France, et nous
« avons même uni nos efforts dans les moments
« critiques pour maintenir une étroite amitié entre
« la France et l'Italie. Je vous garantis, sur l'hon-
« neur, que nous avons affaire à un ami sûr et
« dévoué. Je dois, cependant, vous indiquer qu'il
« n'a aucune mission officielle et qu'il est guidé
« par son inspiration personnelle; il cherche en cette
« heure décisive, à se mettre au service de l'Italie
« et de la France de la façon la plus utile. »

Et M. Clemenceau continue par des mots d'ex-trême sympathie à mon égard.

Il est donc décidé que M. Poincaré, M. Clemen-ceau et moi nous causerons en simples particuliers, et uniquement dans l'intérêt de nos pays respectifs.

M. Poincaré témoigne envers moi d'une grande et courtoise cordialité.

Mais, avant d'aborder le fond des choses, je lui demande la permission de m'adresser dans les formes et avec les façons que je pourrais employer envers M. Poincaré, et non pas dans les termes qu'adopterait l'attaché commercial d'une Ambas-sade envers un Chef d'Etat. Et cela pour ôter tout caractère officiel à ma démarche, ne voulant ni engager, ni gêner en aucune façon l'action de mon gouvernement dont j'ignore encore les points de vue.

Après un petit à-propos de M. Clemenceau, qui communique à M. Poincaré le télégramme que je lui ai envoyé de Dijon et lui réfère nos conversations de la veille et de la matinée, M. Poincaré me prie de lui répéter l'exposé que j'ai déjà fait à Clemenceau.

Je reprends les mêmes notes, et pendant trois quarts d'heure, je répète mot à mot à M. le Président de la République ce que j'avais déjà exposé à M. Clemenceau.

Tandis que je m'entretiens sur les avantages que la France a tirés de la neutralité italienne, M. Poincaré me fait observer que si l'Italie gardait seulement sa neutralité, la France lui en saurait certainement gré à la fin de la guerre. « Mais évidem-
« ment, ajoute-t-il, ces avantages seraient bien
« plus grands si l'Italie intervenait dans la guerre:
« la coopération italienne, fondée sur un concours
« actif, procurerait à l'Italie des titres plus solides
« pour de plus larges compensations. »

« La guerre avec l'Autriche, conclut M. Poin-
« caré, se présente en des conditions favorables pour
« l'Italie, l'Autriche étant engagée avec la Russie
« et la Serbie sur terre et avec l'Angleterre sur
« mer. »

Avant de discuter les moyens de réaliser notre projet, Clemenceau se souvient de ma recommandation et demande à M. Poincaré de faire de suite quelque chose pour les ouvriers italiens en France. J'appuie fortement les paroles de Clemenceau. Je demande à M. Poincaré de donner un caractère politique à cette démarche et de saisir ainsi l'occasion qui s'offre à lui pour provoquer en Italie sur son nom une manifestation de sympathie. Je lui demande d'écrire à ce sujet une lettre à M. Viviani et que celui-ci lui réponde. « Votre action personnelle, « Monsieur le Président, lui dis-je, est indispen- « sable pour effacer en Italie le souvenir du malheu- « reux incident du *Manouba* et du *Carthage* ». M. Poincaré me promet alors de donner satisfaction à mon désir.

Nous reprenons ensuite la discussion de notre projet, et nous envisageons les moyens de le réaliser.

Quels sont les hommes que l'on pourrait choisir dans ce but? Notre ambassadeur, M. Tittoni, heureusement, est absent de Paris. Le prince Ruspoli, chargé d'affaires de l'Ambassade d'Italie, bien qu'il jouisse de la sympathie et de la confiance entière du gouvernement français, ne voudrait probablement pas se charger de cette mission. En présence de cette situation, Clemenceau propose alors que je parte pour Rome. Je lui fais remarquer que ma personnalité est trop modeste pour que je puisse prendre l'initiative officielle de pourparlers d'une telle gravité. M. Poincaré émet alors l'idée d'envoyer en Italie un homme politique français, choisi parmi les anciens ministres des Affaires étrangères. Mais cette idée elle-même est mise de côté, car il est indispensable, non seulement de garder sur nos projets le secret le plus absolu, mais encore de ne pas éveiller l'attention de l'Allemagne et de l'Autriche. C'est pourquoi, ils décident finalement de faire intervenir directement à Rome M. Barrère, l'ambassadeur de France. De son côté, M. Poincaré nous promet que des démarches pressantes seront faites sans retard à St-Pétersbourg et à Londres.

Les bases de l'accord, à la conclusion duquel nous voudrions arriver, seraient les suivantes :

1° Intervention armée de l'Italie aussitôt que les événements lui permettront de transformer sa neutralité en une coopération militaire avec la France.

2° De son côté, la France s'alliera avec l'Italie pour cette action militaire, et les deux pays contracteront aussitôt la guerre terminée, une alliance offensive et défensive.

3° En ce qui concerne les autres questions: Méditerranée, Asie Mineure, Adriatique, Abyssinie, facilités douanières, remboursement des frais, etc., etc., il est entendu qu'elles seraient réglées dans le plus large esprit de conciliation au cours des pourparlers définitifs.

Avant de prendre congé de nous, M. Poincaré me demande la permission d'informer MM. Viviani et Doumergue de la démarche que nous venons de faire auprès de lui, Clemenceau et moi. J'y consens très volontiers. M. Poincaré me promet alors d'écrire la lettre que j'ai sollicitée au sujet des ouvriers italiens, aussitôt qu'il se sera mis d'accord avec M. Viviani. Sur le seuil de son cabinet, il m'en donne encore une fois l'assurance, et nous nous séparons.

Notre conversation s'est prolongée jusqu'à une heure et demie de l'après-midi.

VII. — A l'Ambassade d'Italie

8 *Août.* — 11 heures. A l'Ambassade d'Italie, je vois le prince Ruspoli, notre chargé d'affaires, et je lui expose que j'ai besoin de lui pour une communication de la plus haute gravité, au sujet de laquelle je lui demande le secret le plus absolu. Le Prince me le promet sans hésitation, et pour être sûr de pouvoir causer librement sans être dérangé par des visiteurs, il me donne rendez-vous à son domicile pour l'après-midi.

3 heures 1/2. — Je me rends chez le Prince Ruspoli. Après avoir reçu de nouveau la promesse formelle que rien ne transpirera de notre entretien, je lui expose, dans tous les détails, ce que j'ai fait jusqu'à ce moment. Le Prince Ruspoli est, au fond, d'accord avec moi; il fait seulement quelques réserves au point de vue du protocole et de la forme diplomatique qui n'ont pas été respectées. Il m'engage donc à obtenir que M. de Margerie, directeur des Affaires Politiques au Quai d'Orsay, lui fasse une allusion vague à mes démarches, afin de créer ainsi un petit contact officiel qui lui permette ensuite de télégraphier à Rome. Je trouve son idée très juste, et je lui promets de la mettre en exécution.

4 heures 1/2. — Je retourne à l'Ambassade d'Italie. Je m'adresse au commandant Rota, notre attaché naval, et au colonel Bréganze, notre attaché militaire, afin de connaître les conditions dans lesquelles l'Italie pourrait engager une action militaire et navale.

Le commandant Rota m'expose le plan d'une coopération navale à laquelle l'Italie et l'Angleterre prendraient part contre l'Autriche, pendant qu'une partie de la flotte française ferait la police de la Méditerranée. La flotte autrichienne serait ainsi obligée de se réfugier à Pola, d'où elle ne sortirait plus.

Le colonel Breganze est partisan de la guerre avec l'Autriche. Il me lit même un rapport qu'il vient d'écrire et d'envoyer à Rome. Je lui propose donc de venir avec moi chez M. Clemenceau, qui pourra lui fournir des nouvelles sur la situation militaire. Breganze accepte et je téléphone à M. Clemenceau, qui nous fixe un rendez-vous pour 5 h. 1/2.

5 heures 1/2. — Chez Clemenceau, avec Breganze. Nous avons longuement discuté sur la nécessité de la guerre avec l'Autriche et sur les avantages divers que l'Italie pourrait en retirer.

6 heures 1/2. — En sortant de chez M. Clemenceau, je conseille au colonel Breganze de télégraphier à Rome, non seulement les nouvelles techniques militaires qu'il a reçues de M. Clemenceau mais aussi ce que ce dernier lui a dit au sujet de la possibilité d'une guerre italo-autrichienne. Le colonel Breganze y consent. Rentrés à l'Ambassade, nous préparons une dépêche dont nous soumettons le texte au prince Ruspoli. Celui-ci est d'avis qu'on pourrait envoyer deux dépêches séparées : l'une signée par le colonel Breganze pour la partie militaire, l'autre signée par lui-même pour la partie politique.

Cette proposition est acceptée et Breganze et Ruspoli télégraphient en même temps à Rome.

9 Août. — Aujourd'hui à onze heures, j'ai revu M. Clemenceau, et nous avons décidé d'intervenir auprès de M. Poincaré pour lui demander :

1° Que M. de Margerie écrive au prince Ruspoli quelques lignes sur une carte de visite, relativement à mes démarches.

2° Qu'il m'autorise à faire part à M. Tittoni de ma visite à l'Elysée.

3° Qu'il autorise, d'autre part, M. Clemenceau à se rendre chez l'Ambassadeur d'Italie pour l'entretenir au nom même de M. Poincaré.

Clemenceau me promet qu'il se rendra aujourd'hui même chez le Président de la République. Il me demande de revenir à une heure trois quarts. A l'heure indiquée je l'accompagne jusqu'à l'Elysée. Pendant qu'il discute avec le Président, je me promène dans les Champs-Elysées pour attendre le résultat de l'entrevue.

A trois heures, M. Clemenceau sort et m'informe qu'il a obtenu de M. Poincaré les autorisations demandées. Je me rends aussitôt à l'Ambassade, auprès du prince Ruspoli, et je lui communique ces dernières nouvelles.

Sur ces entrefaites, M. Tittoni arrive de Londres. Je n'ai aucun parti pris contre lui. Je lui reconnais de très grandes qualités. Cependant, les idées politiques, le tempérament, le caractère de M. Tittoni sont tout l'opposé des miens. Ce n'est ni de sa faute ni de la mienne. Mais cela rend notre collaboration difficile. Et, en effet, malgré tous mes efforts, malgré les services que je lui ai rendus, M. Tittoni est toujours resté insensible à mes avances. Intelligence, sensibilité politique et sûreté de jugement: voilà ses qualités. Mais il est trop grave, trop solennel et sans aucune aménité.

Il a aussi d'autres défauts.

Pour être en bons termes avec lui, il faut le flatter, car il aime la gloriole autant que la gloire.

Il a été tour à tour mon ami et mon ennemi. Je

dois d'ailleurs reconnaître qu'il était bien plus redoutable pour moi lorsqu'il était mon ami !

Etonnant mélange de clarté et d'ampleur, d'insensibilité et d'égoïsme.

La Bruyère a peint M. Tittoni dans *Les Caractères de Théophraste,* lorsqu'il définit la dissimulation et l'homme dissimulé. Vous trouverez tout cela à la page 471, édition Charpentier. Quant à moi, je crois que M. Tittoni en est venu à regarder la dissimulation comme une qualité absolument nécessaire, comme un principe essentiel de l'art de gouverner. Malgré cela, M. Tittoni a d'autres qualités qui font de lui un véritable homme d'Etat. Il aurait été un Ministre-Cardinal de premier ordre sous Louis XIV ou Louis XV. Avec ses allures ecclésiastiques, il aurait même pu être, à l'heure actuelle, un remarquable Cardinal secrétaire d'Etat. J'ai toujours pensé qu'il était né pour diriger le ministère de l'Intérieur. Le hasard de la vie l'a mis à la tête des Affaires étrangères. Je reconnais, néanmoins, qu'il a pratiqué sa politique, celle de la Triple Alliance, avec succès : au surplus, il a beaucoup de talent, parle bien et écrit encore mieux. Mais à Paris, il ne pouvait pas réussir. On s'y méfiait trop de lui — pour son passé et pour son caractère. Comme il est naturel, ses défauts l'ont rendu de plus en plus suspect, tandis que ses qualités ne lui servaient à rien.

Voilà donc une occasion unique pour lui de se créer bien des amitiés et pour laisser une trace sympathique de son passage à Paris. Voudra-t-il la saisir? J'en doute.

Nous causons longuement tous les trois, Tittoni, Ruspoli et moi. L'ambassadeur m'autorise à dire à M. Clemenceau qu'il le recevra volontiers à l'Ambassade.

6 heures. — Le prince Ruspoli reçoit à l'Ambassade la carte de visite de M. de Margerie.

6 heures 1/2. — Je me rends à la Direction de *l'Homme Libre* pour prévenir M. Clemenceau que M. Tittoni l'attend et je m'offre à l'accompagner à l'Ambassade.

7 heures 1/2. — Nous arrivons rue de Varennes. M. Tittoni nous reçoit aussitôt. M. Clemenceau, après avoir confirmé l'autorisation donnée par M. Poincaré, s'exprime ouvertement sur la nécessité de l'entrée en guerre de l'Italie et des avantages que la péninsule retirerait de cette intervention.

M. Tittoni, après avoir analysé minutieusement la situation actuelle, conclut en réservant sa réponse.

10 Août. — J'ai un long entretien personnel avec Tittoni, et nous établissons les bases de notre mutuel accord : Obéissance absolue de ma part, confiance entière de sa part. Nous travaillerons à préciser les bases de l'alliance. Le contact officiel sera établi par le prince Ruspoli et M. de Margerie. Le contact extra-officiel, du moins aussi nécessaire et important que l'autre, sera établi par Clemenceau et Sabini. C'est ainsi que M. Tittoni me reconnaît le droit de marcher, mais préalablement il me lie les jambes.

A midi, je vois le prince Ruspoli et je lui répète la conversation que je viens d'avoir avec l'Ambassadeur.

A midi et demie, je fais la même communication à M. Clemenceau.

A 5 heures, ce dernier me téléphone, en me donnant un rendez-vous pour **7 heures**.

7 heures. M. Clemenceau m'engage à avoir un entretien avec M. Briand. Il m'informe ensuite qu'il a causé avec M. Poincaré au sujet de l'intervention italienne et que le Président ne lui a pas caché que les dépêches de M. Barrère permettaient d'espérer que le Gouvernement italien serait disposé à prendre nos vues en considération.

8 heures. — Je me rends à l'Ambassade, où j'informe M. Tittoni de l'entretien que je viens d'avoir avec M. Clemenceau. L'Ambassadeur me conseille de ne pas trop m'engager avant qu'une réponse précise ne nous soit parvenue de Rome. En effet, il a télégraphié pour connaître le point de vue du Gouvernement italien.

11 *Août*. — M. Tittoni manifeste de l'hésitation et me déclare qu'il ne veut ni ne peut se compromettre, parce qu'il craint de n'être pas suivi à Rome. Cependant, l'action de M. Tittoni est indispensable pour faciliter, là-bas, la tâche de M. Barrère et pour agir directement sur le marquis di San Giuliano, ministre des Affaires Etrangères. J'estime donc qu'il est nécessaire que M. Briand agisse au plus tôt sur M. Tittoni.

VIII. — M. Aristide Briand

Je vais maintenant parler de M. Briand. Il ne
paraîtra singulier ni extraordinaire à personne, que
cette figure si séduisante occupe quelques pages de
mon journal. Parmi les hommes de premier rang
appelés à jouer un grand rôle dans la politique
française, il y a eu et il y a M. Briand. Et cela
suffit pour que je rappelle aux Italiens ses admirables qualités et les grands services rendus par lui
à son pays pendant ces dernières années.

Je connais M. Briand depuis le jour où Adrien
Hébrard, directeur du *Temps,* me présenta à lui.

C'était vers 1904 ou 1905. A ce moment-là,
M. Briand n'était plus un socialiste farouche, un pro-
pagandiste révolutionnaire. Il parlait déjà d'ordre, de
liberté, d'autorité, de République, avec la sagesse
d'un vrai chef de Gouvernement. Et il en parlait
avec une telle maestria, qu'on allait à la Chambre
pour entendre Briand, comme on va au théâtre pour
entendre Caruso. Son éloquence rappelait le tribun
populaire de jadis. Mais il y entrait moins de fougue

et plus de persuasion. Briand forçait jusqu'aux applaudissements de ses adversaires. Je l'ai même vu quelquefois changer l'opinion de la Chambre et retourner une situation parlementaire, ce qui est, il faut en convenir, un spectacle unique dans les assemblées où les discours n'influent, pour ainsi dire, jamais sur les votes.

Lorsque je connus M. Briand, il faisait ses premiers pas dans une carrière qu'il devait bientôt parcourir d'une façon fulgurante, en gravissant d'un seul bond tous les échelons. Adrien Hébrard, qui était un homme de goût et d'esprit sans pareil, et qui en même temps avait conservé la plus vive curiosité pour les hommes de son temps, s'y intéressait très vivement. Mon regretté ami, qui pourtant avait passé sa vie à faire des ministres et des ministères, et qui était quelque peu désabusé par ce genre de sport, Hébrard, dis-je, était tout à fait séduit par la souplesse et l'habileté avec lesquelles M. Briand, en défendant les lois laïques, préparait sa prochaine présidence du Conseil.

Ce spectacle amusait prodigieusement Hébrard,

Il y avait vraiment là de quoi l'intéresser, car la nature a fait à M. Briand des dons hors de pair !

Sa conception de la vie est faite d'indulgence et de bon sens. Indifférent à toutes les injures, aux pires diffamations, à toutes les tentations de l'argent, de goûts modestes, ayant la coquetterie de sa simplicité, il est extrêmement séduisant par sa philosophie, par son talent et par sa parole. J'ai causé bien souvent avec lui; et c'est toujours avec un vif regret que je l'ai quitté, car cet homme tout puissant est le plus délicieux des causeurs. Il vous tient sous son charme pendant des heures. Nul apprêt, nul effort, aucune prétention. Tout, chez lui, est aisé, naturel, mais infiniment attrayant.

La nature l'a favorisé de toutes les façons, car sa souplesse, son charme ne sont que les instruments d'une intelligence très aiguisée, et d'une volonté persévérante et tenace.

Ceux qui ne le connaissent pas le taxent volontiers de légèreté, de faiblesse ou de paresse. Est-ce qu'ils lui préféreraient un professeur à bésicles, pédant et ennuyeux, un automate méthodique, un paperassier aussi nul que prétentieux? Ils n'apprécient donc pas toute la finesse et l'art incomparable de cet extraordinaire manieur d'hommes et d'idées? Faut-il leur rappeler que M. Briand, soi-disant léger, faible et paresseux, est venu à bout, malgré toutes les difficultés, les embûches et les traquenards, de la séparation des Eglises et de l'Etat, des retraites ouvrières, de la réforme électorale, et qu'en même temps il a résolu bien d'autres questions inscrites depuis longtemps au programme du parti républicain français?

La vérité est que sous des dehors infiniment

aimables, sous un scepticisme tout de surface, Briand sait ce qu'il veut, et qu'après avoir pris une décision, il emploie ses grandes qualités pour la « réaliser ».

Il est parfaitement vrai qu'il n'aime plus les idées et les systèmes extrêmes. *O quantum mutatus ab illo !* Depuis qu'il est au pouvoir, il préfère les « moyennes ». C'est pourquoi il s'applique à dire des choses très sages et à ne mécontenter personne. Il sent d'instinct (et c'est un privilège de sa sensibilité politique) ce qu'il y a de bon ou de mauvais, de pratique ou de chimérique, dans les hommes et les idées, dans les partis et les systèmes. Doué d'une telle clairvoyance, il devait fatalement quitter les cimes de la « montagne » pour prendre en main la barre du navire. Les fumées, les rêves de démagogie, les emportements et les violences révolutionnaires de sa première jeunesse devaient un jour céder la place à l'équilibre, à l'ordre, à la mesure, à l'opportunité qui ont fait de M. Briand l'un des chefs incontestés des partis qui gouvernent la France depuis dix ans. « Aucun grand républicain n'a échappé à
« cette évolution. Et quand certains s'y dérobent ou
« tentent de s'y dérober, c'est que prisonniers de
« leurs rêves, enfermés dans une tour d'ivoire en
« tête-à-tête avec un idéal irrité et tyrannique, ils
« ne sont plus les maîtres de dépasser l'intérêt d'un
« parti pour discipliner leurs idées et leurs actes,

« au service de l'intérêt national ». C'est M. Briand qui parle ainsi.

Les idées se présentent à lui surtout sous une forme positive et concrète. Il a dit lui-même : « Je suis un homme de réalisation ». Mais pour « réaliser » il a sa manière qui n'est qu'à lui : une puissance de charme persuasif, un sortilège de douce séduction, qui s'exercent sur tous ceux qu'il approche.

Ce qui n'exclut pas des vues d'ensemble, dignes d'un vrai chef de gouvernement; ce qui n'empêche pas que la manière forte ne lui répugne pas lorsque les intérêts vitaux du pays sont en jeu. M. Briand, qui a eu besoin de liberté à certains moments de sa vie, et qui aurait été vraiment attristé qu'on la lui eût refusée, M. Briand, devenu Président du Conseil et Ministre de l'Intérieur, n'a eu aucune intention de la refuser à ses adversaires. Mais il entendait qu'en même temps ils respectassent la « légalité ». Et, lorsqu'en octobre 1910, la grève des chemins de fer éclata, lorsque les ouvriers se livrèrent à des actes de sabotage, Briand prit les plus énergiques mesures de sécurité publique et de défense nationale.

C'est à cette occasion que cet homme, qui dans sa jeunesse avait prêché la révolte ouvrière et militaire, devenu Chef du Gouvernement, déclara à la Chambre que « si son gouvernement n'avait pas

« trouvé dans les lois le moyen de garder le pays
« maître de ses voies ferrées et de la défense
« nationale, il n'aurait pas hésité à recourir à
« *l'illégalité* ».

Ce jour-là j'assistais à la séance de la Chambre
et je fus témoin du tumulte indescriptible que ses
paroles suscitèrent parmi les socialistes et les radi-
caux en mal de portefeuille !

Mais Briand eut bientôt une éclatante revanche.

J'entends encore l'ovation formidable que lui fit
la Chambre, lorsque le lendemain, il vînt lui dire:
« Je me présente devant vous, l'ordre étant rétabli
« sans que la légalité ait jamais été violée. C'est,
« Messieurs, ce qui fait mon honneur et ma force.
« Je me présente devant vous, et je vous dis :
« Regardez mes mains, pas une goutte de sang ».

Ce jour-là, après avoir fait passer un grand souffle
sur les mares stagnantes, et déjoué les coups de
Jarnac qui lui étaient destinés, il renversa la situation parlementaire, et gagna une bataille extrêmement périlleuse. Il avait même consolidé son
ministère.

C'est qu'Aristide Briand est, je le répète, un
orateur prestigieux.

Dans ses discours se succèdent la douceur, la
raison, l'ironie, la force et la violence. Tous ces
sentiments y sont exprimés dans une langue simple

et colorée, d'une voix musicale et sonore, avec des attitudes et des gestes d'une rare expression.

Quelquefois il fonce sur ses adversaires, et alors vous pouvez l'entendre dire des choses fortes avec une extrême douceur; d'autres fois il réclame la confiance du Parlement, et alors vous l'entendez énoncer des choses très douces avec une fermeté d'accent incroyable. Bref, il faut l'entendre; sans quoi, vous risquez de ne pas le comprendre.

Un homme d'Etat comme Briand ayant le goût de « l'opportunité », des « moyennes », était prédestiné à faire une politique de « mesure » et « d'équilibre », une politique « *d'apaisement* ».

Son programme, il l'a proclamé dans une série de discours. Et toujours, il souleva l'enthousiasme de la France, à Paris, à St-Chamond, à Périgueux, en affirmant qu'il « s'adressait à tous les citoyens, indistinctement, pour leur faire entendre qu'il n'y avait pas de prospérité réelle dans les luttes et les déchirements ».

Il ajoutait que « la République n'était la propriété d'aucune secte, qu'elle n'appartenait pas à des catégories d'individus qui auraient le droit de s'en emparer pour la mettre à leur service exclusif, qu'elle ne pouvait se faire persécutrice vis-à-vis des personnes, sous peine de manquer à ses principes les plus essentiels ».

Enfin, il déclarait que « le secret de ses efforts,

à ses collaborateurs et à lui, était de faire aimer la République, de la rendre si agréable à habiter, si belle, si généreuse, de l'élever si haut au-dessus des partis, qu'elle incarnerait la France, dans la beauté de son passé et dans l'espérance de son avenir ! ».

IX. — M. Briand, M. Bourgeois, M. Deschanel chez M. Tittoni, Ambassadeur d'Italie

Et maintenant, je reviens à mon sujet. C'est à M. Briand que je veux faire appel pour vaincre la sourde hostilité de M. Tittoni.

A 10 heures je me rends chez lui.

Tout de suite, je lui explique ce que j'attends de lui. M. Briand, qui m'approuve, s'engage à voir M. Tittoni dans la journée et à le *déclancher*.

5 heures. — M. Briand, qui a eu un entretien avec M. Tittoni, me relate en sortant de l'Ambassade à 6 heures, toute la conversation qu'il a eue avec notre Ambassadeur.

Il m'avoue l'avoir, lui aussi, trouvé un peu hésitant; mais il m'assure qu'il retournera le voir. M. Briand reconnaît d'ailleurs que Tittoni est obligé d'être réservé à cause même de la neutralité de l'Italie.

7 heures. — J'informe M. Clemenceau de la conversation qui a eu lieu entre M. Tittoni et M. Briand. Nous décidons alors de prier M. Léon

Bourgeois de se rendre, lui aussi, auprès de M. Tittoni, pour le presser d'agir.

12 Août. — A neuf heures, je vais chez M. Léon Bourgeois.

Je connais depuis de longues années la sérénité souriante, la grande clarté d'esprit et l'incomparable faculté d'assimilation de M. Bourgeois.

Député, sénateur, ministre, président du Conseil, M. Léon Bourgeois a traversé la politique avec une grande dignité de pensée et d'action. Il n'aime pas les batailles politiques; il déteste le pouvoir et le faste, à un tel point, qu'à plusieurs reprises il a refusé la Présidence de la République. Il aime à vivre dans sa maison simple et sans luxe au milieu de ses idées et de ses livres. C'est un sage : il n'a du goût que pour l'art et la philosophie. Il peint très bien et il a écrit un volume sur la « philosophie de la solidarité ».

Foncièrement bon, il a prêté son nom, son talent, son autorité à des œuvres de mutualité et d'assistance. Il eut aussi une part prépondérante dans la création du Tribunal d'arbitrage international, et fit toujours et partout œuvre de conciliation et de paix nationale et internationale. Au surplus, il affectionne tout particulièrement l'Italie et...... M. Luzzatti.

Je lui expose mon projet, et je le mets au courant de toutes les démarches que j'ai faites auprès des hommes politiques français. Je le prie de tâcher de vaincre toutes les hésitations de l'ambassadeur d'Italie. M. Bourgeois m'assure qu'il se rendra à cinq heures chez M. Tittoni.

5 heures. — Je vais chercher M. Bourgeois chez lui pour l'accompagner à l'Ambassade d'Italie. La conversation entre les deux hommes politiques dure jusqu'à 6 h. 1/2.

Lorsqu'il quitte le cabinet de M. Tittoni, j'aborde M. Bourgeois et je sors avec lui. Je lui demande des renseignements sur le cours de l'entretien. Mais à ma grande surprise, M. Bourgeois me répond qu'il a *dû promettre à M. Tittoni de ne rien dire à ce sujet.* Cela m'apparaît un peu extraordinaire, car il était entendu entre M. Tittoni et moi, que les contacts avec le monde politique auraient été assurés par moi. Il ne m'appartient pas de juger la conduite de M. Tittoni, mais il est évident qu'il me faut un minimum de sûreté, sans lequel aucune collaboration n'est possible.

M. Bourgeois m'assure que M. Tittoni n'est pas mal disposé et que nous sommes entrés dans la période des consultations. Avant de me quitter, il m'engage à poursuivre les démarches que j'ai commencées.

7 heures. — Je revois M. Tittoni et je lui relate la phrase que M. Bourgeois m'a répétée, concernant le secret exigé envers moi. M. Tittoni sourit.

13 *Août*. — Je pense à M. Paul Deschanel. Je décide d'aller le voir. Cette visite m'est très agréable, car le Président a toujours le souci des manières élégantes et extrêmement courtoises. Cela n'empêche pas que, orateur ou écrivain, il a exprimé avec beaucoup de talent les angoisses patriotiques de la France, après l'effroyable catastrophe de 1870, et qu'il a tenu le premier rôle dans les plus graves débats sur la politique intérieure et extérieure de son pays, en prononçant de très beaux discours sur les sujets les plus divers.

Je me le rappelle à la Tribune de la Chambre des députés.

Frais, jeune, alerte. La coiffure est d'une ordonnance savante. La cravate a toujours le même chic. La jaquette est d'une coupe irréprochable.

Tel est l'homme, tel est son discours.

La phrase est apprêtée, harmonieuse, solennelle. La langue parfaite est digne de l'académicien.

Culture d'une formation solide, éducation littéraire d'une finesse achevée.

A 10 heures et demie, je suis chez M. Paul Deschanel.

Nous discutons ensemble la situation politique et la nécessité de l'intervention italienne. M. Paul Deschanel accepte de se rendre auprès de M. Tittoni.

IX. — Dépêches a M. Salandra
Président du Conseil, à Rome.
Consentement de MM. Poincaré, Clemenceau et Doumergue.
Scrupules de M. Tittoni

14 Août. — Je prépare un télégramme pour le ministre Cavasola, ami intime de M. Salandra, Président du Conseil. En voici le texte corrigé par M. Tittoni :

« Secret. Personnel. De très hauts personnages
« politiques que j'ai consultés, m'affirment la fin
« de la Triple Alliance et l'impossibilité de la
« renouveler après la déclaration de la neutralité
« italienne, quel que soit le résultat de la guerre.
« Ils estiment que si l'Allemagne et l'Autriche ont
« la victoire, nous payerons très cher notre neutra-
« lité; et que si l'Angleterre et la France seront
« victorieuses sans notre intervention, nous ne par-
« ticiperons pas largement aux bénéfices de la vic-
« toire, car ces nations n'auraient aucun intérêt à
« nous rendre militairement et économiquement

« forts et puissants dans la Méditerrannée. Selon
« eux, la neutralité est donc la pire des politiques.
« C'est aussi mon opinion personnelle. Je vous
« informe qu'on garantit ici le succès final franco-
« anglais, même si la France était repoussée sur
« quelques endroits du front. Je partage cette opi-
« nion. Quant à une intervention éventuelle de
« l'Italie contre l'Autriche, elle serait indiscuta-
« blement accueillie par la France avec un immense
« enthousiasme. Je n'en exposerai pas les avantages
« territoriaux et politiques envisagés à Paris, bien
« que ceux-ci se répercutent sur notre vie écono-
« mique. Ma tâche bien plus modeste et en rapport
« avec mes fonctions, se limite aux questions éco-
« nomiques et sociales. Je suis donc autorisé à affir-
« mer officiellement que si nous nous décidons à
« intervenir contre l'Autriche, on est disposé ici à
« nous fournir l'aide financière nécessaire pour la
« guerre. Ensuite, en cas de victoire, en dehors
« l'indemnité de guerre à laquelle nous aurions
« droit, la France est disposée à nous consentir un
« emprunt de quelques milliards, aux meilleures
« conditions; elle s'engagerait aussi à stipuler avec
« nous un accord commercial, en nous assurant des
« conditions douanières spéciales, ainsi qu'à amé-
« liorer le traité de travail actuel en faveur de nos
« ouvriers. Les bénéfices qu'en tireraient le com-
« merce, l'industrie, la finance et l'émigration ita-

« liens sont évidents. Si vous le croyez, informez
« le Président du Conseil de ce qui précède. Je
« prends la responsabilité entière de cette dépêche.
« Suppliez fortement le Président du Conseil de ne
« pas laisser échapper cette occasion unique pour
« la grandeur de l'Italie et de l'Italie méridionale
« en particulier. J'ai télégraphié après mûre ré-
« flexion et ayant la garantie sûre du Gouvernement
« français. — Sabini. »

9 heures. — Je lis à Clemenceau la dépêche
préparée pour le Ministre, M. Cavasola. Il l'approuve complètement. Je lui fais remarquer que pour
télégraphier dans les termes où je le fais, je dois
y être autorisé par M. le Président de la République.

Clemenceau envoie alors son secrétaire à l'Elysée pour demander un rendez-vous au Président.
Le rendez-vous est fixé pour quatre heures de
l'après-midi.

4 heures. — Je me rends à l'Elysée. M. Poincaré me reçoit avec une extrême courtoisie. Il ne
me cache pas que l'attitude réservée de M. Tittoni
l'a quelque peu surpris.

J'informe le Président des bonnes dispositions de
notre attaché militaire, le colonel Breganze, et de
notre attaché naval, le commandant Rota. Je dé-
fends M. Tittoni. Je dis à M. Poincaré que M. Tit-

toni a communiqué à Rome les conversations successives qu'il a eues avec MM. Clemenceau, Briand et Bourgeois, mais qu'il n'ose pas s'engager à fond, soit parce qu'il n'est pas bien sûr d'être suivi par son Gouvernement, soit parce qu'il doit respecter les devoirs de la neutralité.

Nous causons ensuite de la conduite de la Turquie et de son acquisition des navires allemands. Le Président me parle des grands dangers auxquels la flotte française se trouverait exposée si elle voulait forcer les Dardanelles.

Nous parlons aussi de l'opportunité d'une action de la flotte anglo-française dans l'Adriatique. M. Poincaré m'affirme que des ordres ont déjà été donnés pour que les populations de nationalité italienne soient respectées, même en dehors du territoire italien.

Le Président m'expose enfin les dangers d'un coup de main possible contre les Colonies françaises et italiennes, de la part des Musulmans.

Il m'annonce que des télégrammes arrivés dans la matinée parlent d'une mouvement des Sénoussis contre la Cyrénaïque et la Tunisie. Cela prouve de plus en plus clairement que l'action de la France et de l'Italie doit être concordante dans la Méditerranée.

De cette action commune, nous en venons à envisager une opération beaucoup plus vaste :

l'alliance franco-italienne. M. Poincaré me dit que cela doit être le commencement d'accords plus vastes encore : l'alliance anglo-latine.

Je lui dis que pour décider l'Italie à intervenir dans le conflit, il faut préparer l'opinion italienne, et qu'il est nécessaire de donner des instructions dans ce sens. Je lui dis aussi qu'il faudrait aider M. Tittoni dans sa tâche, en lui procurant par mon intermédiaire toutes les nouvelles nécessaires sur l'action de la Russie et de l'Angleterre à Rome, ainsi que sur les démarches accomplies par M. Barrère.

M. Poincaré me répond qu'avant de pouvoir faire ces communications, il est obligé d'en prévenir son Ministre des Affaires étrangères.

Nous continuons à envisager les avantages réciproques d'une alliance franco-italienne. Je traduis à M. Poincaré le texte de mon télégramme à M. Cavasola. M. Poincaré le lit et, *personnellement, l'approuve.* Mais il me dit aussi que comme Président de la République, il ne peut pas engager sa responsabilité sans en avoir, au préalable, informé son Ministre des Affaires Etrangères. Au surplus, il le préviendra de suite, en lui exprimant son avis très favorable. Le Président m'invite donc à me rendre chez M. Doumergue, Ministre des Affaires étrangères.

7 heures. — Je vais chez M. Doumergue qui me dit avoir été informé de tout. Nous parlons des avantages réciproques d'une alliance franco-italienne. Au sujet de l'action diplomatique qui a été développée à Rome, M. Doumergue me communique que la Russie a déjà pris l'initiative des pourparlers en offrant à l'Italie Trente et Trieste et les domaines autrichiens sur l'Adriatique.

L'Angleterre a fortement appuyé les propositions russes.

De son côté, la France a donné son adhésion, et c'est seulement par un sentiment d'égard et de discrétion qu'elle n'avait pas voulu prendre elle-même l'initiative de cette offre.

Je lis mon télégramme à M. Doumergue. Il m'autorise à faire les déclarations qu'il contient en ce qui concerne les détails financiers et économiques. Il me répète ce que M. Poincaré m'a dit au sujet de la flotte. Avec un accent de grande sincérité, il m'assure que si nous devenions des alliés, la France aiderait au développement d'une Italie plus grande et plus forte, car cela est au fond de ses désirs. Quant au concours financier, M. Doumergue m'assure que dès l'ouverture des hostilités, la France nous fournira les fonds nécessaires, *ainsi qu'elle l'a fait à ses autres alliés.*

Je sors de l'entretien avec M Doumergue sous la même impression favorable que j'ai déjà ressentie au cours de ma conversation avec M. le Président de la République.

8 *heures*. — Je retourne à l'Ambassade, où j'expose brièvement à M. Tittoni le résultat de mes dernières démarches. Je crois comprendre que notre Ambassadeur n'est pas trop satisfait de ce que j'aie eu des conversations particulières avec MM. Poincaré et Doumergue. Il me conseille de voir seulement M. Clemenceau et M. Briand.

En réalité, M. Tittoni, influencé par les nouvelles militaires franchement mauvaises, voudrait rester en contact avec la France et garder en même temps toute sa liberté d'action. Sa conduite serait dictée par les événements.

Puisque j'avais accepté de laisser à lui seul le soin de poursuivre les relations officielles avec M. le Président de la République et le Ministre des Affaires étrangères, je reconnais mon tort, et j'accepte de me conformer à ses instructions.

En attendant, je lui remets mon télégramme pour le Ministre Cavasola. M. Tittoni me déclare qu'il hésite à le transmettre par l'entremise de notre ministère des Affaires étrangères, et me demande de repasser demain chez lui pour me faire savoir ce qu'il a décidé.

Je crois que ce manque de décision chez M. Tittoni est le reflet de notre situation diplomatique et politique. Je m'explique son embarras, et au fond je ne lui en veux pas.

15 *Août, 10 heures et demie.* — Ce matin, M. Clemenceau m'a conseillé de faire intervenir M. Briand auprès de M. Tittoni pour le décider à expédier ma dépêche à Rome. Je vais donc faire une démarche auprès de M. Briand qui me dicte quelques phrases à transmettre à notre Ambassadeur. Je me souviens particulièrement de celle-ci :

« M. Tittoni est un homme très fin et un politique trop avisé pour ne pas comprendre que son devoir et son intérêt lui conseillent d'envoyer votre dépêche. »

11 *heures et demie.* — Je me présente encore chez M. Tittoni, qui me rend mon télégramme.

Il a rayé toutes les phrases qui le concernaient. Il me déclare qu'il ne peut pas l'envoyer à Rome. J'insiste de la façon la plus pressante, mais il est inébranlable. Il m'autorise seulement à l'envoyer sous forme de lettre ou de rapport ordinaire au Ministre Cavasola. Je lui soumets alors les arguments que M. Briand m'a suggérés, en me servant même du nom de ce dernier. Tout est inutile.

3 *heures.* — Je fais part de cette entrevue à M. Clemenceau. Il me fait observer que puisque M. Tittoni m'autorise à envoyer ma dépêche comme un rapport ordinaire, il n'y a aucune raison pour

que je ne puisse pas le télégraphier. Il m'autorise à faire comprendre à M. Tittoni que son refus de me laisser expédier mon télégramme pourrait être interprété comme un acte peu amical envers la France.

3 heures et demie. — Je retourne à l'Ambassade. Je tâche de convaincre M. Tittoni. Il admet que son devoir est de renseigner le Gouvernement sur les propositions faites à Paris, et vaguement indiquées dans ma dépêche. Enfin, grâce à mes instances réitérées, il finit par me permettre de télégraphier à mon Ministre avec mon code chiffré, à condition toutefois que si notre Ministre des Affaires étrangères, le marquis di San Giuliano, lui télégraphie à ce sujet, il puisse répondre qu'il n'est au courant de rien. J'accepte. M. Tittoni spécifie qu'il faut que j'aille en personne remettre ma dépêche au bureau télégraphique et que j'en paye le montant, afin d'éviter que cet envoi ne figure sur les registres de l'Ambassade. A six heures, je remets enfin mon télégramme au bureau de la rue de Grenelle.

Il est possible que pour le moment notre Ministère des Affaires Entrangères soit opposé à toute intervention italienne. Si l'Ambassadeur ne veut pas aller contre les instructions qu'il a dû recevoir de Rome, l'opposition de M. Tittoni s'explique et se justifie.

7 heures. — J'annonce à M. Clemenceau qu'enfin le télégramme est parti. Je lui demande de prier M. Doumergue de télégraphier immédiatement à Rome, à l'Ambassadeur, M. Barrère, afin que si M. Salandra vient à lui parler de ma dépêche, il puisse confirmer les propositions qu'elle contient.

M. Clemenceau envoie immédiatement M. Mandel chez M. Doumergue. M. Doumergue donne l'assurance à M. Mandel qu'il fait immédiatement télégraphier à M. Barrère. Ceci au fond est superflu, car M. Barrère a été toujours minutieusement informé de tout, et même par conséquent de mon télégramme au Ministre Cavasola.

16 Août. — Je reçois de Rome un télégramme chiffré du Ministre Cavasola en réponse au mien du 15 courant.

Malgré tous mes efforts, je ne puis arriver à le déchiffrer entièrement. Mais par les phrases que je puis en tirer, je comprends que le Ministre ne se désintéresse pas de ce que lui ai exposé. C'est un premier résultat. Evidemment, il y a des difficultés. Je comprends par son télégramme, que selon lui, les hommes politiques français devraient s'adresser à M. Tittoni pour éviter les équivoques possibles. Cette réponse ne m'enthousiasme pas, mais elle me laisse toutefois de l'espoir.

J'envoie à S. E. Cavasola un deuxième télégramme. Le voici :

« Très réservé. Personnel. Impossible déchiffrer
« télégramme votre Excellence à cause plusieurs
« fautes dans la transmission chiffres. J'ai pu cepen-
« dant comprendre sens général. C'était mon devoir
« transmettre à V. E. propositions qui m'avaient
« été faites officiellement. Je vous remercie d'en
« avoir informé S. E. Salandra en acquittant de
« la sorte engagement pris par moi-même à Paris.

« On m'a assuré aussi qu'Ambassadeur de
« France à Rome a été informé de tout par Minis-
« tre français des Affaires étrangères et qu'il a ins-
« tructions de confirmer ce que je vous ai transmis.
« Je prie votre Excellence de le faire savoir à
« S. E. Salandra. Ainsi, notre responsabilité sera
« absolument couverte et notre tâche terminée.
« Hommages. Sabini. »

1° Interviews de MM. Clemenceau, Deschanel, Delcassé, Pichon, Briand, Barthou,
Millerand, Sembat et Vaillant.

2° Négociations avec le Parti socialiste
français.

17 *Août.* — Je voudrais faire un peu de propagande, afin d'orienter l'opinion publique italienne
vers l'intervention dans le conflit. Mais il faut, avant
tout, pouvoir communiquer avec Rome et Milan.
Pour l'instant, cela est presque impossible. Je prie
M. Clemenceau d'obtenir une heure de plus pour
les communications téléphoniques avec l'Italie.

Vers une heure de l'après-midi, M. Mandel me
communique de la part de M. Clemenceau que c'est
fait.

En effet, M. Thomson, Ministre des P. T. T. en
a parlé au Conseil des Ministres. MM. Poincaré
et Doumergue l'ont soutenu; le Ministère de la
Guerre me donnera demain la communication de-
mandée.

Je téléphone à ce sujet à M. Pomé, correspondant du *Giornale d'Italia* de Rome, et à M. Croci,
correspondant du *Corriere della Sera* de Milan.

L'un et l'autre sont pour l'intervention italienne ainsi que les journaux qu'ils représentent à Paris. Ils sont enchantés d'interviewer les personnages politiques français que je leur indique.

En effet, j'ai obtenu de M. Clemenceau une interview pour M. Pomé et une autre entrevue de M. Deschanel pour M. Croci. De même, M. Briand et M. Delcassé m'ont promis qu'ils feront également quelques déclarations à M. Croci.

2 heures et demie. — Je vais avec M. Croci chez M. Delcassé. Il est à l'Hôtel du Quai d'Orsay.

J'ai été présenté à M. Delcassé par le comte Tornielli, Ambassadeur d'Italie à Paris, de 1895 à 1908.

Ces deux noms sont si étroitement liés dans mon souvenir, que je ne saurais parler de l'un sans penser à l'autre.

Le comte Tornielli fut mon chef, mon vénéré maître et mon ami. J'ai conservé pour lui une affection telle, que je ne puis pas prononcer son nom sans une réelle émotion. Que de souvenirs ! J'ai assisté à ses derniers instants ; fin tragique et douloureuse d'une existence très noble. Elevé à l'école du comte de Cavour, il fut d'une sûreté, d'une discrétion, d'une prudence absolues. Vrai grand seigneur de race, de tempérament, d'allure, le comte Tornielli fut aussi un ambassadeur de tout premier ordre, et ce qui est plus rare, un diplomate foncièrement honnête, incapable de mensonge, d'intrigue, de finasserie et de toutes les vilenies dont se parent les Richelieu de pacotille. Il imposait la confiance et la considération.

J'espère publier un jour ou l'autre quelques pages sur la politique du comte Tornielli avant et pendant son ambassade à Paris. Je dirai pourquoi la rancune du prince de Bismarck l'obligea à rester plusieurs années en exil à Bukarest. J'exposerai le rôle joué par lui dans le traité de la Triple Alliance. Et on appréciera son entêtement à défendre, contre le comte Nigra, notre ambassadeur à Vienne, ce qu'il estimait un « simple devoir d'honnêteté politique ». Au demeurant, il fut toujours un grand admirateur de la puissance anglaise et un ami vrai de la France. On verra la part très large qu'il eut dans la préparation de certaines clauses du traité de la Triple Alliance. On saura que, grâce à lui, l'Italie à présent n'est pas engagée à fond contre la France et l'Angleterre, et que, sans être accusée de forfaiture par l'Autriche et l'Allemagne, elle peut se battre aux côtés de ses alliées naturelles sur les mêmes champs de bataille.

Le hasard voulut qu'à la même époque, de 1898 à 1908, M. Delcassé fût Ministre des Affaires étrangères, presque sans interruption. Il eut pour le comte Tornielli une estime et une confiance sans bornes. Cela permit de conclure toute une série d'accords franco-italiens. Le prince de Bulow disait qu'ils n'étaient que des « tours de valse ». Ils étaient plutôt de « vraies fiançailles ». Si dix ans plus tard nous sommes *neutres* à l'heure du danger, et si nous pouvons venir au secours de la France à l'heure du destin, les « tours de valse » y sont pour quelque chose !

Songez un seul instant aux difficultés que la France aurait dû surmonter si l'Italie avait eu partie liée avec les Puissances Centrales; et d'autre part, appréciez les avantages immenses que la neutralité italienne a procurés à la France. Est-ce que celle-ci ne doit pas une éternelle reconnaissance à Théophile Delcassé et à Joseph Tornielli?

Après cette longue parenthèse, j'en reviens à l'interview de M. Croci avec M. Delcassé. Elle dura une heure et demie et elle fut très intéressante.

5 heures. — Je vois M. Pomé et je l'accompagne chez M. Stéphen Pichon, au *Petit Journal*. Il est très heureux d'accorder une interview.

18 Août, 2 heures. — Je me rends avec M. Croci chez M. Deschanel, qui nous avait donné rendez-vous pour son interview. Celle-ci a duré une heure.

4 heures et demie. — M. Pomé a préparé l'interview qu'il a eue avec M. Clemenceau.

19 *Août, 2 heures et demie*. — J'informe M. Clemenceau qu'en Italie on est perplexe surtout à cause de l'attitude du parti socialiste italien hostile à l'intervention italienne. Je lui dis qu'à mon avis, pour agir sur les unifiés italiens, il faudrait faire intervenir le groupe socialiste français et qu'on devrait envoyer en Italie deux ou trois de ses représentants.

M. Clemenceau me conseille d'aller soumettre cette idée à M. Sembat, pour lequel il me donne une lettre en me disant : « Je n'ai jamais écrit à M. Sembat, c'est donc un « *pucelage* » que je vous donne. ».....

Je me rappelle alors que M. de Monzie est un ami personnel de M. Sembat. Je lui téléphone en lui demandant un rendez-vous. Je le vois à midi et je lui expose mon idée. M. de Monzie m'assure qu'à trois heures je trouverai M. Sembat à la Chambre.

3 heures. — A la Chambre, en effet, je vois M. Sembat et lui remets la lettre de M. Clemenceau. M. de Monzie me présente aussi à M. Laval. Je leur expose le but de ma visite et l'urgence d'une intervention du parti socialiste français auprès de leurs collègues italiens. M. Sembat me quitte pour se rendre à une réunion du groupe socialiste, à laquelle M. Laval prend part également. En sortant

de cette réunion, à 4 heures et demie, MM. Sembat
et Jules Guesde m'annoncent que M. Laval a fait
à la réunion socialiste des propositions dans le sens
que j'avais exposé, et qu'elles ont été approuvées.
Trois délégués choisis parmi les députés socialistes
français, se rendront en Italie pour agir sur le parti
socialiste italien dans le sens de l'intervention dans
le conflit. Les trois délégués seront : MM. Laval,
député de la Seine, Rougers, député du Gard, et
Rognon, député de Lyon.

Peu après, je rencontre ces trois délégués, et nous
causons de la décision qui vient d'être prise. Nous
sommes d'accord pour convenir que leur départ
immédiat est nécessaire. Je les mets au courant de
la situation italienne et des démarches que j'ai faites.

20 Août. — A trois heures, je vois à la Chambre M. Laval qui me dit que la veille au soir, dans
une réunion à la rédaction de *l'Humanité*, M. Re-
naudel a fait quelques observations au sujet de l'envoi en Italie des délégués socialistes français. On a
donc décidé de porter la question devant le groupe.
M. Jules Guesde, que je fais demander de suite,
me promet qu'il soutiendra ardemment dans la
réunion du Groupe l'envoi des délégués en Italie.

5 heures. — La réunion du Groupe socialiste de
la Chambre a été très importante. On a décidé à
l'unanimité d'envoyer en Italie MM. Rougers et

Laval. M. Guesde a parlé longuement en démontrant l'importance énorme de cette mission dont le but est d'agir sur l'attitude du parti socialiste italien. A 5 heures et demie, je vois M. Malvy. Il me dit qu'au « Conseil de la Défense » qui s'est réuni dans la matinée, M. Viviani a proposé de retarder de quelques jours le départ des députés socialistes en Italie, pour ne pas heurter les susceptibilités de M. Salandra, et de M. Giolitti. Mais je lui explique la nécessité de ne pas perdre de temps et je l'invite à faire également des démarches auprès de la Confédération du Travail. En tout cas, il faut aller voir Viviani.

22 Août. — Je reçois les journaux italiens contenant les interviews de M. Pomé et de M. Croci.

9 heures et demie. — A la Présidence du Conseil. Je suis reçu par M. Viviani.

Quelle admirable destinée que celle de cet homme ! Les événements l'ont conduit au sommet du pouvoir en pleine jeunesse. M. Viviani, il faut le reconnaître, est doué d'une grande éloquence. Il possède, en outre, les finesses d'un jouteur parlementaire de première force, et la passion, le pathétique d'un entraîneur de foules. Il a tout pour lui: geste, attitude, physionomie, voix, diction. La forme oratoire est toujours littéraire, souvent poétique ou pittoresque. La parole s'écoule à pleins flots, comme d'une source inépuisable.

Je l'ai entendu bien souvent. Le hasard a même voulu que je fusse obligé de prendre la parole dans une réunion présidée par M. Viviani, Ministre du Travail. Je veux rappeler ce souvenir, non seulement parce qu'il est tout à mon honneur, mais aussi parce qu'il prouve que la sympathie entre les deux pays demeura très vive, même aux heures où ils semblaient les plus éloignés l'un de l'autre.

C'était donc en janvier 1909. *En pleine Triple Alliance.* J'avais parlé ouvertement de l'alliance certaine de l'Italie et de la France dans les luttes prochaines. J'avais dit cela très simplement, mais avec une chaude et profonde conviction. J'avais touché le point sensible ! Ce fut une ardente ovation de plusieurs minutes. Toute la salle, debout, acclamait l'Italie. Ceux qui étaient près de moi, sénateurs, députés, fonctionnaires, me serraient dans leurs bras. Des amis, tels que Mabilleau, les larmes aux yeux, m'embrassaient. M. Viviani lui-même, me félicita très chaudement.

Puis, il se leva et improvisa un speach plein de grâce et de nuance. Devant une salle vibrante dans ses profondeurs les plus intimes, M. Viviani, ministre responsable de ses paroles, fut obligé d'atténuer la portée de mon discours. Mais il fut applaudi très chaleureusement, car, empêché de marquer fortement sa pensée et son émotion, il sut faire comprendre ce qu'il sentait *sans le dire*, et ce qu'il disait *sans le sentir.* En réalité, il avait touché l'âme de ses auditeurs, avec cet art dont il connaît toutes les ressources, et cette envolée qui lui est tout à fait personnelle.

Qui aurait pu prévoir que cinq ans après, je me serais rendu chez le même Viviani, devenu Président du Conseil, pour lui prouver que l'alliance affirmée par moi en 1909, devait se transformer en une réalité vivante?

Me voici au Quai d'Orsay chez M. Viviani. J'insiste encore sur la nécessité de la mission sans délai des députés socialistes français en Italie. M. Viviani m'écoute avec attention et me promet d'examiner encore la question. A 3 heures, il se rendra chez M. Clemenceau.

A 4 heures, je vais avec M. Pomé chez M. Millerand qui nous avait fixé un rendez-vous pour une interview.

Dans cette interview qui a duré deux heures, M. Millerand a fait des déclarations très intéressantes au sujet de la Triplice alliance.

23 *Août.* — A deux heures, M. Pomé et moi sommes reçus par M. Barthou qui consent à nous faire quelques déclarations. Notre entretien dure jusqu'à 4 heures 1/2.

24 *Août.* — Ce soir, à 7 heures et demie j'ai causé avec M. Jouhaux, à *La Bataille Syndicaliste,*

au sujet de la mission socialiste en Italie. Je lui en ai montré la nécessité absolue. Il s'est déclaré prêt à partir et il m'a dit qu'il avait déjà écrit à Alceste De Ambris, son camarade. Il lui écrira encore aujourd'hui.

25 Août. — M. Jouhaux s'est rendu à 10 h. 30 chez M. Clemenceau qui lui a montré la nécessité de son départ immédiat afin de commencer avec les socialistes italiens les conversations préparatoires sur l'intervention. M. Jouhaux lui a fait remarquer qu'il est mobilisé et qu'il ne voudrait pas être déclaré déserteur. M. Clemenceau le rassure en lui disant qu'il ne court aucun danger, s'il part avec une mission qui est également avantageuse pour la France.

M. Jouhaux décide de s'entretenir encore avec MM. Laval et Sembat.

A 11 heures 30, en effet, nous nous rencontrons tous les trois chez M. Sembat. Celui-ci désire que le Gouvernement français soit mis au courant de ce projet. Laval, par contre, propose que les socialistes français se dirigent vers la frontière italienne, mais qu'ils restent sur le territoire français, dans l'attente d'être convoqués par leurs camarades italiens. De la sorte, le Gouvernement français ne prendra aucune responsabilité vis-à-vis de l'Italie.

J'accepte cette proposition, quoique je ne sois pas

sûr que les socialistes italiens consentiront à venir en France. Enfin, tous trois me promettent de partir ce soir même. Mais à 6 heures je revois à la Chambre MM. Jouhaux et Laval. Je leur demande s'ils partent toujours ce soir. Ils me répondent qu'ils n'ont pas eu le temps d'en parler à la réunion du Groupe. Je comprends que leur désir de partir est assez faible.

26 *Août.*— A 11 heures, je vais avec M. Pomé chez M. Sembat pour préparer une autre interview pour le *Giornale d'Italia.* M. Sembat m'assure que ce soir les délégués socialistes partiront pour l'Italie... Je vais avec M. Pomé chez M. Vaillant, député, toujours pour une interview.

27 *Août.* — J'apprends que Laval et Jouhaux ne sont pas encore partis... Il est inutile d'entretenir encore des illusions au sujet de cette mission !

A Rome
M. Barrère, Ambassadeur de France
et M. Salandra, Président du Conseil.
Lettres et Documents

9 Septembre. — Depuis le 4 septembre je suis à Bordeaux. Je me demande s'il ne serait pas mieux que j'aille à Rome me rendre compte de l'état d'esprit de mon pays et des intentions de M. Salandra, Président du Conseil.

12 Septembre. — Je pars en auto avec le capitaine Garda.

17 Septembre. — J'arrive à Rome.

A 4 heures, je me rends à l'Ambassade de France. M. Barrère, quoique malade, me reçoit immédiatement. Nous causons longuement de mon projet. M. Barrère me conseille de tâter avant tout le terrain, car le gouvernement italien n'a pas fait connaître jusqu'à présent ses intentions.

8 heures 30. — M. Bergamini, Directeur du *Giornale d'Italia*, qui est au courant de tout ce que j'ai fait à Paris pendant le mois d'août, m'expose ainsi la situation italienne. L'Italie liée par la Triple Alliance à l'Autriche et à l'Allemagne, aurait dû

prendre les armes à leurs côtés. L'opinion publique s'y est opposée et la neutralité italienne a été proclamée. L'Italie, maintenant, a le droit de négocier sa neutralité ou son intervention. Le Gouvernement reste encore fidèle au traité qui a constitué la Triplice, car ce traité est encore en vigueur. En effet, du moment qu'il a été interprété par l'Italie dans le sens de la neutralité, cela signifie qu'elle en reconnaît toujours l'existence. « Les par-
« tis politiques italiens, me dit M. Bergamini, sont
« partagés. Les nationalistes préconisent une prompte
« intervention contre l'Autriche. Les partis moyens
« sont indécis; d'aucuns demandent la continuation
« de la neutralité; d'autres l'intervention. Les ca-
« tholiques sont encore favorables à l'Allemagne
« et à l'Autriche. Les partis de gauche, sauf les
« amis de M. Giolitti, semblent enclins à suivre la
« France et l'Angleterre. »
Le député de Nava assiste à notre entretien. J'informe M. Bergamini et de Nava des conditions que le Gouvernement français serait disposé à offrir à l'Italie: c'est-à-dire alliance offensive et défensive, reconnaissance du domaine adriatique, reconnaissance du droit italien sur Trente, Trieste, Pola et Vallona, politique d'égalité dans la Méditerranée, politique d'entente en Asie Mineure et en Abyssinie, avances pour les frais de guerre (outre une indemnité en cas de victoire), emprunt de quelques

milliards après la guerre, traité de commerce et traité de travail.

Mes paroles produisent une grande impression sur MM. Bergamini et de Nava. Ils me conseillent alors de voir M. Salandra dont ils sont les amis intimes.

19 Septembre. — Je revois M. Barrère à l'Ambassade de France. Il est souffrant : il me reçoit dans sa chambre. En premier lieu, nous envisageons la situation de la politique intérieure et extérieure italienne. Je lui résume ensuite toutes les conversations que j'ai eues à Paris avec les différents hommes politiques.

M. Barrère m'a écouté avec attention et intérêt. Nous avons causé pendant deux heures. Avant de nous quitter, l'Ambassadeur me prie de le tenir au courant de mes démarches à Rome.

Dans l'après-midi au Ministère d'Agriculture, je vois le Ministre Cavasola. Je lui raconte ce que j'ai fait à Paris. Le Ministre me conseille d'exposer tout cela à S. E. Salandra avec lequel il me promet que j'aurai bientôt un rendez-vous.

21 Septembre. — S. E. Cavasola me dit que le Président du Conseil veut agir avec une extrême prudence. Il ne veut pas faire naître des soupçons.

Ma situation officielle à Paris et mes sentiments

ouvertement francophiles laisseraient percer les vrais motifs de notre conversation. A Vienne et à Berlin on saurait immédiatement, par les espions allemands dont Rome est infesté, que le Président du Conseil a eu des entretiens avec moi. Cette entrevue pourrait compromettre les projets de M. Salandra et lui créer bien des difficultés avec les neutralistes et les pacifistes qui ont encore la majorité dans le Parlement et dans le pays. Et d'autre part, il désire garder une entière liberté d'action pour choisir son heure et décider de l'endroit où il fera ses déclarations le cas échéant. M. Cavasola ajoute que depuis la proclamation de la neutralité italienne, le Président avait toujours refusé de recevoir ceux qui désiraient s'entretenir de notre intervention en faveur de l'un ou de l'autre des belligérants. Enfin, il me fit remarquer qu'ayant adopté cette ligne de conduite, le Président ne pouvait pas faire une exception pour moi sans dévoiler ses véritables sentiments. Il me dit aussi que le Président regrettait infiniment de se voir obligé, pour des considérations politiques, de refuser un entretien à l'un de ses anciens élèves avec lequel il avait conservé de très bons rapports et dont il connaissait la famille.

En effet, M. Salandra avait été mon maître lorsque je suivais les cours de droit à l'Université de Rome. Ensuite nous nous étions rencontrés soit à Rome, soit à Paris, et toujours M. Salandra avait été très aimable à mon égard. Ce dont je lui étais tout particulièrement reconnaissant. M. Salandra est indiscutablement un cerveau d'une rare puissance, admirablement préparé à toutes les fonctions publiques. Professeur de droit administratif, il connaît à fond tous les organismes de l'Etat. Ecrivain de race, et homme politique plein de ressources, il connaît les généralisations abstraites aussi bien que les réalités tangibles. En Italie, où les personnages d'une telle valeur ne sont pas nombreux, M. Salandra aurait dû fournir une très longue carrière dans les conseils du Gouvernement. Malheureusement, il appartenait à la droite libérale, et avait associé sa fortune à celle de M. Sonnino. Cela l'a obligé de naviguer contre courant, de rester dans un parti aussi puissant pour l'autorité des chefs que nul pour le nombre des voix dont il dispose. Cela l'a empêché aussi de garder le pouvoir pendant longtemps, car les Ministères Sonnino, dont il a fait partie, n'ont connu que des existences éphémères. Maintenant qu'il est Président du Conseil, il s'est fait remarquer comme homme d'Etat, en surmontant les plus graves difficultés intérieures, et surtout en se refusant à suivre l'Autriche et l'Allemagne dans leur guerre monstrueuse. J'ai la certitude morale qu'après avoir proclamé la neutralité italienne, il dénoncera le traité de la Triple Alliance et déclarera la guerre à l'Autriche. Son nom passera à l'histoire et sera inscrit à côté des grands patriotes qui ont fait l'unité italienne.

11 heures. — Je revois M. Bergamini, Directeur du *Giornale d'Italia.*

Je l'informe du refus de S. E. Salandra. Pour tourner cette difficulté, nous allons ensemble au Ministère de l'Intérieur, chez M. d'Atri, le chef de Cabinet et l'homme de confiance du Président du Conseil. Je me décide à lui lire toutes mes notes pour qu'il puisse en informer M. Salandra. Je m'entretiens deux heures avec lui. Il me semble qu'il est impressionné par mes communications.

22 Septembre. — Pour préciser la conversation que j'ai eue hier avec M. d'Atri, je me décide à écrire la lettre suivante à S. E. Salandra:

Rome, ce 22 septembre 1914.

M. le Professeur Antonio Salandra,
Président du Conseil des Ministres,
Rome.

« Monsieur le Président,

« N'ayant pas eu l'honneur de pouvoir informer
« directement et minutieusement Votre Excellence
« de ce que j'ai fait jusqu'à présent à Paris, j'ai
« lu hier à M. d'Atri quelques-uns des documents
« que je désirais soumettre à Votre Excellence.

« Il résulte de ceux-ci, que dès le 7 août j'avais

« eu l'honneur d'être reçu par M. Poincaré, Prési-
« dent de la République, en présence de M. Geor-
« ges Clemenceau, ancien Président du Conseil.
« Nous avions envisagé une intervention militaire
« italienne contre l'Autriche aux conditions sui-
« vantes :

« 1° Une alliance offensive et défensive pour
« une longue période d'années;

« 2° Trente, Trieste, Pola, Vallona, etc., et
« l'Adriatique italienne;

3° Un accord pour la Méditerranée entre l'Ita-
« lie, la France et l'Angleterre, sur les bases d'une
« parfaite égalité;

« 4° La reconnaissance de l'occupation italienne
« du Dodécanèse;

« 5° L'Extension de la zone d'influence ita-
« lienne dans l'Asie Mineure;

« 6° Une collaboration effective et l'application
« amicale des conventions déjà existantes en
« Abyssinie;

« 7° Plusieurs avantages de nature économique
« et sociale dont je parlerai ci-après.

« Ces propositions ont été communiquées le
« 8 août à 11 heures, par moi-même, à M. le
« prince Ruspoli, notre chargé d'affaires à Paris;

« elles furent répétées le lendemain à M. Tittoni,
« aussitôt rentré à Paris et exactement à 5 h. 30
« de l'après-midi du 9 août, c'est-à-dire une demi-
« heure après son arrivée.

« Le 15 août, j'ai télégraphié à S. E. Cavasola,
« en lui indiquant d'une façon détaillée les avan-
« tages économiques et sociaux que la France nous
« offrait, à savoir :

« 1° Aide financière nécessaire pour la guerre;

« 2° En cas de victoire, en dehors de l'indem-
« nité de guerre à laquelle nous aurions droit, un
« emprunt de deux ou trois milliards;

« 3° Accord commercial avec des concessions
« douanières spéciales;

« 4° De nouveaux accords de protection ouvriè-
« re qui complèteraient le traité de travail franco-
« italien.

« Ce télégramme avait été lu et approuvé par
« M. le Président de la République, la veille,
« c'est-à-dire le 14 août (à 4 heures de l'après-
« midi) en ma présence, à l'Elysée; il avait été
« ensuite relu et réapprouvé le soir même (à 7 h. 30
« du soir) par M. Doumergue, Ministre des Affaires
« Etrangères.

« Naturellement, M. Tittoni avait été informé
« minutieusement de tout par moi, ainsi qu'il était

« de mon devoir. J'ajoute que MM. Clemenceau,
« Briand, Delcassé, Millerand, Barthou et Pichon
« ont approuvé ces propositions et seraient ravis
« d'une alliance entre la France et l'Italie.

« Ces jours-ci, j'ai vu à Rome M. Barrère,
« Ambassadeur de France, et je lui ai exposé ce
« que j'ai eu l'honneur de relater ici à Votre
« Excellence. M. Barrère a télégraphié à Paris à
« ce sujet.

« Voilà, en résumé, ce que j'ai fait de mon
« initiative, *à mes risques et périls*, par seul amour
« pour mon pays, sans le plus lointain espoir d'une
« récompense quelle qu'elle soit, ni morale ni
« encore moins d'un autre genre. J'ai accompli mon
« devoir de citoyen italien, pour la seule passion
« de servir ma patrie. Et je ne demande pas autre
« chose. Je sens, partant, le devoir de me mettre
« complètement à la disposition de Votre Excel-
« lence, car j'ai la conscience de pouvoir lui
« **être** utile en France, et cela, non pas par mes
« mérites, mais par mes anciennes et cordiales rela-
« tions avec les hommes les plus éminents de la
« politique française et par un ensemble d'heu-
« reuses circonstances dont il faut profiter dans
« l'intérêt supérieur de notre pays.

« Il y a vingt-cinq ans, j'ai passé un assez
« bon examen devant mon maître, **Salandra**. Je

« demande maintenant à passer un autre examen
« devant mon Président du Conseil. Si je ne dois
« pas être reçu, tant pis pour moi; si je le suis,
« je ne demande aucun diplôme : la grande joie
« d'avoir été utile à mon pays me suffit.

« Hommages dévoués et respectueux.

« SABINI. »

2 heures et demie. — J'envoie ma lettre à M. le
Président du Conseil avec ordre de la lui remettre
personnellement.

Peu après, l'huissier revient en m'assurant que
ma lettre a été remise entre les mains de
M. Salandra.

4 heures et demie. — Il semble que j'ai le devoir
d'informer mon ami d'Atri, chef du Cabinet du
Président du Conseil, de la démarche que j'ai faite
auprès du Président du Conseil.

Je vais donc au Ministère de l'Intérieur : d'Atri
me reçoit immédiatement et il me fait savoir que
M. Salandra l'a déjà informé de la lettre que je
lui ai envoyée. M. d'Atri, que je trouve aujourd'hui
plus expansif, me questionne sur la situation à Paris
de M. Barrère et sur ses rapports avec M. Poincaré. Je lui répète ce que M. Briand aussi bien que
M. Clemenceau m'ont dit : c'est-à-dire que
M. Barrère a toute la confiance de M. Delcassé,

Ministre des Affaires étrangères, et que sa situation à Paris est plus forte que jamais.

M. d'Atri me dit que M. Salandra serait heureux de me voir, mais qu'il ne veut pas se compromettre.

Je lui fais remarquer que je ne puis pas retourner chez M. Barrère sans connaître les intentions de M. Salandra.

J'ajoute que, pour des pourparlers éventuels, je pourrais rester en contact avec lui, d'Atri, qui dans ces cas représenterait le Président. Et enfin, je lis à M. d'Atri la lettre que j'ai fait remettre à M. Salandra. Avant de nous séparer, M. d'Atri m'invite à retourner demain matin au Ministère en me promettant de faire tout son possible pour me faire recevoir par M. Salandra, ne fût-ce que quelques minutes.

25 Septembre. — A 10 heures, je reçois un petit mot urgent de M. Cavasola, secrétaire du Président du Conseil.

Jeudi, 25 septembre 1914.

« Mon cher Comte,

« M. d'Atri vous prie de venir chez moi dans « la matinée.

« Très cordiales et dévouées salutations.

« Votre très affectionné.

« Signé : Roberto CAVASOLA. »

A 10 heures et demie, je me rends au Ministère, où je rencontre M. d'Atri. Nous sortons
ensemble, et celui-ci me fait savoir que le Président
du Conseil regrette de ne pouvoir me recevoir, et
cela, dans l'intérêt même de mon projet. En effet,
l'*Avanti*, le journal officiel du parti socialiste unifié,
a publié que des conversations ont été engagées entre
la France et l'Italie en vue d'une intervention italienne. Le Gouvernement, qui officiellement est
neutre, s'est vu obligé de faire démentir cette
nouvelle par l'agence Stefani. M. d'Atri croit que
ce ballon d'essai aurait pu tout compromettre, car
la majorité de l'opinion publique est encore favorable à la neutralité. Il ajoute qu'il est difficile de
traiter à Rome avec M. Barrère, car malgré la
discrétion personnelle de l'Ambassadeur, dès le
lendemain, toutes les démarches seraient connues de
tous.

Il m'expose le point de vue de M. Salandra,
qui voudrait intervenir au moment opportun, c'est-à-
dire lorsque l'armée et les finances seront prêtes.
M. Salandra mettra à profit le temps qui s'écoulera
d'ici là pour renforcer l'action diplomatique et militaire italienne. Il me dit aussi que pour le moment,
on ne mobilisera plus à cause du manque de casernes
et afin d'éviter des frais et des inquiétudes; mais,
qu'en attendant, on préparera le plan de campagne

et qu'on travaillera en silence pour être prêts en temps opportun.

Je parle de la situation bizarre dans laquelle se trouve le Ministre di San Giuliano. M. d'Atri me répond que M. di San Giuliano, par son passé tripliciste, par son intelligence et même par son scepticisme est le seul qui puisse couvrir notre politique favorable à l'intervention, en ôtant toute crainte à l'Allemagne et à l'Autriche.

Il me communique enfin, qu'hier au soir il a parlé longuement de moi avec M. Salandra et que celui-ci est disposé à écrire à M. Tittoni en m'accréditant auprès de lui pour une action secrète auprès du Gouvernement, de la presse et des hommes politiques français.

26 Septembre. — Afin d'être plus libre dans mes mouvements et pour donner une marque de respect et de déférence à M. Salandra, je préfère renoncer à la lettre de crédit qu'il a promise pour M. Tittoni.

J'écris à M. d'Atri la lettre suivante :

« Samedi, 26 septembre 1914.

« Mon cher d'Atri,

« Le Président du Conseil a raison. Il doit être
« toujours en mesure de pouvoir me désavouer et

« même de me destituer, s'il le faut. Je comprends
« parfaitement les raisons qui lui inspirent sa
« conduite.

« Pour le mettre davantage à son aise, j'ai décidé
« de renoncer même à la lettre m'accréditant auprès
« de M. Tittoni. Cela est préférable pour moi,
« car, de la sorte, je reste plus libre dans mes
« mouvements.

« Quant au moyen pour communiquer avec vous
« et M. Salandra, j'ai pensé que je peux toujours
« télégraphier avec mon code chiffré à M. le
« ministre Cavasola. Celui-ci vous communiquera
« mes dépêches et vous pourrez les porter à la
« connaissance de M. le Président du Conseil.

« En conclusion, ce que vous m'avez dit hier me
« suffit. Entre des gentilhommes comme Salandra,
« vous et moi, la parole suffit: les lettres sont su-
« perflues. Quant à M. Tittoni, il a le devoir
« d'avoir confiance en moi, et s'il n'en a pas, tant
« pis pour lui.

« Avec mes salutations les plus cordiales,

« Votre très affectionné : SABINI. »

27 Septembre. — J'écris à 8 heures du matin la
lettre suivante à M. Camille Barrère:

Rome, ce dimanche 27 Septembre 1914.

« Monsieur l'Ambassadeur,

« Je suis venu avant-hier à l'hôtel de l'Ambas-
« sade pour avoir une longue conversation avec
« vous, *un peu plus intéressante* que celle que
« j'avais déjà eue quelques jours auparavant. Mal-
« heureusement, je n'ai pas eu l'honneur de vous
« voir. Peu importe ! L'effort personnel que je me
« suis imposé, à mes risques et périls, sous ma seule
« responsabilité, par devoir envers mon pays et par
« profonde sympathie envers la France, a déjà
« donné les *meilleurs résultats*. J'ai fait ce que
« j'avais à faire. Je pars ce soir pour Bordeaux.
« Je suis très satisfait de mon séjour à Rome. La
« cause qui m'est chère, vous la connaissez, c'est
« l'intervention italienne contre l'Autriche et en
« faveur de la France. (Vous savez que je n'ai pas
« peur d'appeler les choses par leur nom, les écrire
« et les signer).

« En ce qui concerne l'avenir, vous aurez de
« mes nouvelles sous peu. En attendant, ayez con-
« fiance et soyez patient. Si vous télégraphiez à
« M. Delcassé, veuillez lui annoncer ma visite pour
« les premiers jours de cette semaine; si je peux, je
« le verrai avec M. Clemenceau. J'espère qu'il
« aura plaisir à me voir et je suis sûr qu'il aura inté-
« rêt à m'entendre.

« Je vous prie, Monsieur l'Ambassadeur, de
« faire un usage strictement personnel *et de ne*
« *confier à personne* le contenu de cette lettre.

« En attendant je vous prie d'agréer l'expression
« de ma haute considération. SABINI. »

« P. S. — Veuillez avoir l'obligeance de m'ac-
« cuser réception de ce billet par un mot. Je vous
« le demande à une seule fin: pour être absolument
« sûr que cette lettre est parvenue entre vos mains.
« SABINI. »

J'envoie de suite cette lettre à M. Barrère et à
10 heures, je reçois sa carte de visite, avec ces
mots: « J'ai reçu votre lettre. »

Ensuite, je prépare une copie de la lettre que j'ai
fait remettre à M. Salandra. Je la donne à son
Exc. Mattioli, Ministre de la Maison Royale, qui
est au courant de toutes mes démarches.

Je désire qu'il la mette sous les yeux de S. M. le
Roi.

Dans l'après-midi je me rends chez le baron
Aliotti, Ministre plénipotentiaire en Albanie. Je
lui parle de la situation et des démarches que j'ai
faites. Le baron Aliotti me fait savoir que dès le
début de la guerre, le marquis di San Giuliano
s'est toujours montré convaincu *de la victoire alle-*

mande. Evidemment, les télégrammes de nos Ambassadeurs à Vienne et à Berlin ont contribué à renforcer sa conviction. Il a voulu la faire partager à M. Tittoni. Et ceci expliquerait, peut-être, l'état d'incertitude, le manque de décision et les craintes de notre Ambassadeur à Paris.

A 9 heures je prends le train pour rentrer à Bordeaux.

A Bordeaux

Conversation avec M. Tittoni, M. Clemenceau, M. Viviani, Président du Conseil et Briand, Vice-Président du Conseil. — Une difficulté avec M. Delcassé. — Un coup de Jarnac. — Rapports et lettres.

30 Septembre. — J'arrive à Bordeaux à 10 heures 30 du matin. A 3 heures 30 je me rends chez M. Clemenceau pour le mettre au courant de ce que j'ai fait à Rome, et j'ai un entretien d'une heure avec lui (1).

1er *Octobre*. — A 11 heures, j'ai une première conversation avec M. Tittoni à l'Ambassade d'Italie. Je lui expose la situation telle qu'elle m'apparaît depuis mon voyage à Rome, ainsi que l'attitude des membres du Gouvernement, des partis politiques et de l'opinion publique. Je le mets au courant des sentiments du Président du Conseil et

(1) Le résumé de cette conversation se trouve dans la lettre que j'ai envoyée le 3 octobre à M. d'Atri, et que je reproduis plus loin.

du Chef de l'Etat-Major. Je l'informe de la politique que M. Salandra se propose de suivre et de l'entente intervenue à Rome entre M. d'Atri et moi. Je lui explique l'action que je me propose de développer à Bordeaux auprès du Gouvernement français. Je le renseigne sur le moyen de communiquer avec M. Salandra.

M. Tittoni, qui a beaucoup de sens politique, comprend de suite l'importance de mes renseignements et il ne fait aucune objection. Nous nous mettons d'accord sur ce point, que je commencerai tout de suite mon travail sans engager ni l'Ambassade d'Italie ni le Gouvernement italien. De mon côté, je promets d'informer M. Tittoni du résultat de mes démarches.

A 3 heures, je rencontre M. Eugène Lautier. Il me dit qu'il doit voir M. Delcassé. Je le prie de m'obtenir un rendez-vous.

2 Octobre. — A 3 h. 1/2, je me rends chez M. Viviani, Président du Conseil, qui me reçoit immédiatement. Nous restons en conversation jusqu'à 4 heures et demie (1).

Je vais chez M. Lautier. Il me dit qu'il a parlé de moi à M. Delcassé, et que celui-ci me recevra après demain.

---

(1) Le résumé de cette conversation avec le Président du Conseil Français se trouve dans la note que j'ai envoyée le 3 octobre à Son Exc. Salandra et que je reproduis plus loin.

3 Octobre. — Je décide d'informer Rome de mes conversations de Bordeaux. Je prépare d'urgence un télégramme chiffré suivant pour S. E. le Ministre Cavasola. Le voici :

« Excellence Cavasola.

« Ministère Agriculture, Rome.

« Très réservé, à être déchiffré personnellement.
« Je vous prie communiquer S. E. Président Con-
« seil ce qui suit :

« Suis arrivé à Bordeaux mercredi 11 heures du
« matin. A 3 heures après-midi j'ai vu M. Cle-
« menceau pour le renseigner situation. Je commu-
« niquerai V. E. longue conversation que j'ai eue
« avec lui. A présent il me suffit de vous dire que
« Clemenceau ayant interrompu tout rapport aussi
« bien avec le Président de la République qu'avec
« tous les Membres du Cabinet actuel, je ne puis
« profiter de son concours qui, en d'autres occa-
« sions, me fut très utile. Après avoir vu Clemen-
« ceau, j'ai tâché de conférer immédiatement avec
« M. Tittoni ainsi qu'il était mon devoir, mais je
« ne l'ai pas trouvé à l'Ambassade. J'y suis re-
« tourné le lendemain jeudi à 11 heures du matin
« et je lui ai exposé la situation à tous les points
« de vue, ainsi qu'elle résulte de l'enquête que
« j'ai faite à Rome. Je l'ai informé de tout et je

« suis resté d'accord avec M. Tittoni que suivant
« l'entente intervenue à Rome j'agis à mes
« risques et périls, sans engager ni l'Ambassade ni
« le Gouvernement. S. E. Tittoni approuve com-
« plètement les raisons pour lesquelles j'ai renoncé
« à la lettre m'accréditant auprès de lui et je
« lui sais infiniment gré de cette preuve de con-
« fiance. Enfin, il a été entendu entre nous que
« je le tiendrai au courant de tout. Le même jeudi
« 4 heures de l'après-midi, je me suis rendu chez
« M. Viviani, Président du Conseil, pour avoir un
« entretien avec lui. Comme il était absent, j'y
« suis retourné hier vendredi à 3 heures de l'après-
« midi. Il m'a reçu de suite et notre conversation
« a duré jusqu'à 4 h. 1/2.

« Demain je télégraphierai à ce sujet. SABINI. »

Je rédige ensuite un rapport pour M. Salandra,
En voici la copie :

« Bordeaux ce 3 Octobre 1914.

« Son Excellence Salandra,
        Président du Conseil des Ministres,
                Rome.

« Monsieur le Président,

« Par ma dépêche à S. E. Cavasola, vous êtes
« informé des conversations que j'ai eues avec
« MM. Clemenceau et Tittoni. Par la présente

« note, j'ai l'honneur d'informer Votre Excellence
« de ce qui a été dit dans le long entretien que
« j'ai eu avec M. Viviani, Président du Conseil
« français, qui me fit l'honneur de me recevoir très
« aimablement jeudi dernier à 3 heures de l'après-
« midi et me tint dans son Cabinet jusqu'à 4 heures
« et demie. Après avoir déclaré que je parlais en
« mon nom personnel, sans engager aucunement
« l'action de mon gouvernement, et après avoir prié
« M. Viviani d'oublier jusqu'aux liens qui m'at-
« tachent à l'Ambassade d'Italie, j'ai dit minu-
« tieusement tout ce qui servait à ma thèse.

« Je commençai par lui exposer la situation
« italienne, telle qu'elle résulte de l'enquête que
« j'ai poursuivie à Rome.

« Je crois pouvoir affirmer que cet exposé qui
« dura une bonne demi-heure, intéressa M. Viviani.

« En venant ensuite aux détails, je lui ai dit que
« les propositions envisagées au mois d'août dernier,
« par M. le Président de la République et moi,
« ne paraissaient pas satisfaire l'Italie.

« Quant au projet d'une alliance italo-française,
« je lui fis remarquer que cela ne pouvait pas nous
« suffire, car si l'Italie déclarait la guerre à
« l'Autriche, elle se trouverait tout de suite en
« face de l'alliance austro-allemande, et l'état de
« guerre avec l'Allemagne se produirait *ipso facto*.

« J'ai déployé sur son bureau une carte géogra-
« phique de l'Europe, et je lui ai montré qu'entre
« la frontière allemande de Bavière allant de
« Landau à Salzbourg et la frontière italienne, il
« y avait à peine 150 kilomètres; j'ai ajouté qu'en
« cas de guerre entre l'Italie et l'Autriche, l'Alle-
« magne, à travers le Tyrol, enverrait presque cer-
« tainement plusieurs corps d'armée pour soutenir
« l'armée autrichienne. Dans ce cas, l'Italie, obli-
« gée de se battre en même temps contre l'Autriche
« et l'Allemagne, devrait soutenir un choc for-
« midable.

« Je lui ai donc dit que, pour les raisons énon-
« cées, il fallait à l'Italie une contre-assurance, non
« seulement du côté français, mais aussi de la part
« de la Russie et de l'Angleterre.

« En d'autres termes, qu'il faudrait que par un
« acte additionnel l'Italie figurât dans le Protocole
« de Londres, à côté de la France, de l'Angle-
« terre, de la Russie et de la Belgique, de façon
« que la paix ne pût pas être signée sans un accord
« préalable entre l'Italie et les susdites puissances.

« M. Viviani trouva mes propositions très justes
« et il m'assura que leur réalisation ne lui semblait
« pas difficile. En poursuivant l'entretien, nous
« avons parlé de la situation militaire actuelle,
« favorable aux Alliés, mais encore indécise pour
« le moment. Je n'ai pas manqué de lui faire

« remarquer que par son intervention, l'Italie, avec
« une flotte magnifique et un million de soldats,
« allégerait immédiatement l'effort allié engagé sur
« les fronts français et russe, et obligerait l'adver-
« saire à envoyer des forces contre nous. De plus,
« l'intervention italienne apporterait à la France
« les avantages suivants :

« 1° La certitude absolue de la victoire finale,
« surtout si l'Allemagne intervenait contre l'Italie;

« 2° La guerre actuelle en serait abrégée;

« 3° Une économie énorme d'hommes et
« d'argent.

« Mais je lui ai rappelé que notre intervention
« présentait pour nous des dangers faciles à com-
« prendre et des sacrifices certains d'argent et
« d'hommes, c'est-à-dire des milliards à dépenser
« et des centaines de milliers d'hommes à sacrifier.

« M. Viviani partagea parfaitement mon point
« de vue.

« Alors, j'ai ajouté : « Les avantages que la
« France en tirerait et les sacrifices qui en dérive-
« raient pour l'Italie ne justifient-ils pas le senti-
« ment public italien, qui demande à la France
« quelque récompense? » M. Viviani me répond :
« Trente et Trieste représentent la récompense due
« à l'Italie. La France aidera diplomatiquement
« et militairement l'Italie dans cette entreprise.

« Je lui répliquai : « Pour Trente, elle sera
« italienne, quel que soit le résultat de la guerre. »

« Quant à Trieste, elle représente notre aspira-
« tion idéale; mais, en réalité, elle constitue des
« charges et des dangers pour l'Italie, sans exclure
« celui d'une autre guerre dans dix ou vingt ans.
« Ces dangers peut-être nous font aimer davan-
« tage Trieste.

« En tous cas, Trente et Trieste n'appartiennent
« pas à la France, Trente et Trieste, rachetées par
« nous, avec notre argent et notre sang, représen-
« tent seulement le résultat de nos sacrifices et
« non pas la récompense que vous nous devez.

« En 1859, vous avez eu Nice et la Savoie,
« deux provinces italiennes, et en plus 200 mil-
« lions, en récompense de votre intervention. En
« outre, la question de l'Adriatique n'est pas la
« seule ni la plus importante des questions inter-
« nationales intéressant l'Italie. La politique ita-
« lienne dans l'Adriatique, plutôt que de rêver
« des conquêtes, a préconisé la formation de peu-
« ples moyens, formant de véritables « tampons »
« entre l'Italie et les puissances qui se baignent ou
« vont se baigner dans l'Adriatique. Ce qui inté-
« resse surtout l'Italie, c'est la Méditerranée: c'est
« sur la Méditerranée que l'Italie attend un accord
« précis de la France pour améliorer la situation
« actuelle politiquement et militairement, en rec-

« tifiant nos frontières et en faisant disparaître la
« menace de Bizerte.

« J'ai dit tout cela avec un certain élan. »

« M. Viviani, toujours courtois, me répondit : Il
« faut y réfléchir. Allez voir M. Delcassé, causez
« avec lui. »

« Nous nous sommes quittés peu après, avec la
« plus grande cordialité.

« En conclusion : la participation de l'Italie aux
« déclarations de Londres me paraît certaine, sinon
« déjà acquise, au moins pour ce qui concerne la
« France. Pour le reste, nous pouvons peut-être
« améliorer notre situation dans la Méditerranée
« au double point de vue économique et militaire.
« Ce qu'il y a d'assuré, c'est que le contact est
« créé : maintenant il faut parcourir le chemin
« tracé.

« Hommages respectueux.   « C. SABINI. »

J'ai écrit ensuite la lettre suivante à M. d'Atri:

« Bordeaux, Samedi 3 Octobre 1914.

« M. NICOLA D'ATRI, Secrétaire particulier
de S. E. le Président du Conseil, Rome.

« Mon Cher d'Atri,

« J'avais préparé déjà un télégramme pour S. E.
« le Président lorsque j'ai su par notre Attaché

« militaire, le Colonel di Breganze, qu'un officier
« italien de toute confiance partait pour Rome. J'ai
« décidé immédiatement de supprimer mon télé-
« gramme. Je profite de l'occasion pour vous écrire
« ainsi qu'à S. E. Salandra.

« Voilà ce que j'ai fait jusqu'à présent:

« Je suis arrivé à Bordeaux mercredi à 11 heures
« du matin.

« J'ai voulu avant tout m'enquérir de la situa-
« tion car, dès mon arrivée, de petits indices
« m'avaient fait craindre que l'enthousiasme fran-
« çais à notre égard ne fût un peu refroidi.

« J'ai eu tout de suite un long entretien avec
« M. Clemenceau. Celui-ci, tout en gardant son
« affection pour l'Italie, ne m'a pas caché qu'il
« avait remarqué, surtout chez les catholiques et
« les nationalistes italiens, quelque peu de froideur.
« A son avis, les événements auraient prouvé:

« 1° Que la France et l'Angleterre suffisent à
« elles seules pour contenir l'Allemagne et que
« maintenant notre concours n'est plus « indispen-
« sable » pour elles;

« 2° Que les succès russes ont amoindri mili-
« tairement l'Autriche à tel point que l'intervention
« italienne contre elle n'aurait plus une trop grande
« importance;

« 3° Que l'action italienne n'aurait plus, aujour-
« d'hui, une telle valeur pour pouvoir justifier les
« importantes concessions politiques et territoriales
« que nous réclamons; que la France se rappelant
« notre neutralité, pourrait au maximum voir avec
« plaisir l'occupation par nous de Trente et
« Trieste;

« 4° Que pour Trieste, il faudrait se décider de
« suite; autrement la Russie, obligée à tenir compte
« de la pression balkanique et des aspirations
« slaves, pourrait changer d'attitude.

« Or, dans tout cela il y a du vrai, mais il y a
« aussi de l'exagération. Toutefois, il est bien que
« M. Salandra en soit informé par vous.

« M. Clemenceau m'a dit aussi qu'à son avis,
« la guerre pourra durer encore un an. En effet,
« ici en France on se prépare fiévreusement à pré-
« parer une campagne d'hiver, tandis qu'en Alle-
« magne on pousse les travaux de défense.

« Enfin M. Clemenceau m'a déclaré qu'il a dé-
« sormais rompu tout rapport, aussi bien avec le
« Président de la République qu'avec tous les
« membres du Cabinet actuel, et qu'il ne pourra
« plus intervenir personnellement en notre faveur
« ainsi qu'il l'a fait dans le passé.

« Après avoir parlé à M. Clemenceau, j'ai
« cherché à causer immédiatement avec M. Tittoni.

« Mais je ne l'ai pas trouvé à l'Ambassade. J'y
« suis retourné le lendemain, à 11 heures du matin.
« Je lui ai exposé la situation italienne, à tous les
« points de vue, ainsi qu'elle résulte de l'enquête
« que j'ai menée à Rome et des conversations que
« j'ai eues avec vous. Je l'ai mis au courant de
« l'entente établie entre nous, de l'action que je
« me propose de développer à Bordeaux, ainsi que
« de la lettre que M. Salandra voulait me donner
« pour m'accréditer auprès de lui, et que j'ai refu-
« sée pour les raisons que vous savez.

« M. Tittoni ne souleva aucune objection. Seu-
« lement, il me fit promettre que je l'informerais de
« tout. Je crois que tout en gardant son ancienne
« tendresse tripliciste, il ne voudrait pas être com-
« plètement exclu et rester étranger à la nouvelle
« politique nationale et réaliste de M. Salandra.
« Il obéit peut-être aux instructions du Ministère
« des Affaires Etrangères, tripliciste plus que
« jamais. Mais il ressemble à ces maris qui, par
« devoir, donnent à leur femme la fidélité de leur
« cœur, mais de temps en temps vont chez une
« maîtresse pour goûter les joies de l'amour libre.

« Jeudi, de 3 heures à 4 h. 1/2, j'ai eu une
« conversation avec M. Viviani, Président du
« Conseil. Je renseigne sur cet entretien M. Salan-
« dra par la note que vous trouverez ci-incluse et

« que vous aurez l'obligeance de lire avant de la
« remettre à M. le Président du Conseil.
« Salutations très cordiales.

« Votre C. SABINI. »

4 Octobre. — Aujourd'hui, par le capitaine de
Souteyron, qui se rend à Rome, j'ai envoyé mon
rapport à M. Salandra et ma lettre à M. d'Atri.
Avant de les envoyer je les ai fait lire à notre
Ambassadeur.

5 Octobre. — J'ai eu aujourd'hui avec M. Aristide Briand, Vice-Président du Conseil, un entretien que j'ai résumé dans ce rapport, préparé
aujourd'hui même pour S. E. Salandra.

« Bordeaux, ce 5 Octobre 1914.

« Son Excellence Salandra,
 « Président du Conseil des Ministres,
Rome.

 « Monsieur le Président,

« Dans ma note précédente, j'ai informé Votre
« Excellence de ce que M. Viviani, Président du
« Conseil m'avait prié de me rendre chez M. Del-
« cassé, Ministre des Affaires Etrangères. Mais
« avant de faire cette démarche, j'ai voulu m'en-
« quérir des sentiments personnels des plus impor-
« tants Ministres du Cabinet actuel.

« L'autre jour, j'avais rencontré M. Thomson,
« Ministre de l'Industrie, du Commerce, des
« Postes et Télégraphes, dont je connaissais déjà
« les sentiments bien favorables envers vous.

« Eh bien, me demanda-t-il, que faites-vous?

« Nous attendons les événements, prêts à inter-
« venir le cas échéant, lui répondis-je.

« Mais qu'attendez-vous, me dit-il?

« Je repris: L'opinion italienne vous est favo-
« rable, mais notre action vous sera acquise lors-
« que nos gouvernements auront réglé d'un com-
« mun accord, certaines questions dans la Médi-
« terranée, qui nous intéressent tout particuliè-
« rement. »

« Et M. Thomson. — « Vous connaissez mon
« opinion personnelle là-dessus. Mais elle ne
« compte pas. Allez voir M. Delcassé au plus
« vite, et causez avec lui. »

« Ainsi se termina notre bref entretien. »

« Mais avant de me rendre chez M. Delcassé,
« j'ai décidé d'aller voir M. Briand, Vice-Prési-
« dent du Conseil. En ce moment, en l'absence
« de M. Poincaré et de M. Viviani partis sur le
« front, M. Briand a les fonctions de Président
« du Conseil, et dans certaines circonstances, il
« représente M. Poincaré. Je me suis donc rendu
« chez lui, et j'ai été immédiatement reçu. Je lui
« ai d'abord exposé le but de ma visite, puis,

« ayant fait les réserves nécessaires sur l'action du
« Gouvernement italien que je n'engageais d'au-
« cune façon, j'ai commencé à causer avec lui ami-
« calement. Je lui ai exposé, avant tout, l'état de
« l'opinion publique italienne. Je lui ai dit fran-
« chement les raisons pour lesquelles il est à pré-
« sumer que l'Italie, après avoir déclaré la guerre
« à l'Autriche, se trouverait aussi en guerre avec
« l'Allemagne. »

« M. Briand m'a répondu : « C'est certain. »
« Lui ayant fait remarquer qu'en ce cas, à travers
« le Tyrol, l'Allemagne aurait presque certaine-
« ment transporté contre l'Italie plusieurs corps
« d'armée, M. Briand m'a dit : « Où voulez-
« vous que l'Allemagne puisse prendre ces corps
« d'armée? Elle a sur les bras l'Angleterre, la
« Russie et la France. C'est déjà plus qu'il ne lui
« en faut. »

« J'ai insisté, et je lui ai fait remarquer que les
« Ministres responsables de la politique militaire
« italienne devaient prévoir la participation éven-
« tuelle de plusieurs corps d'armée allemands dans
« la guerre italo-autrichienne. »

« M. Briand m'interrompit: « En effet, il faut tout
« envisager, mais qu'en déduisez-vous? ». Et moi :
« J'en déduis que l'alliance avec la France ne nous
« suffit pas, que nous avons besoin d'une solidarité
« militaire encore plus grande; que l'Italie en cas

« de guerre doit être sûre, non seulement de l'appui
« illimité de la France, mais aussi de celui de la
« Russie et de l'Angleterre; je veux dire que l'Ita-
« lie par un acte additionnel, doit figurer dans les
« déclarations de Londres à côté des autres puis-
« sances et que la paix ne doit pas être signée sans
« un accord préalable entre l'Italie et les susdites
« puissances. »

« M. Briand m'a répondu : « « C'est tout à fait
« naturel, c'est normal. »

« En causant des avantages que la France
« tirerait de l'intervention italienne M. Briand
« a admis parfaitement qu'au point de vue
« militaire, l'intervention italienne aurait pro-
« fité à la France et à la Russie, en raison directe
« de l'action militaire déployée contre nous par
« l'Autriche et l'Allemagne. Il m'a déclaré que
« notre intervention augmenterait les probabilités du
« succès final contre l'Allemagne, abrégerait la
« durée de la guerre, et partant, ferait économiser
« des hommes et de l'argent. Il a admis enfin que
« cette intervention coûterait à l'Italie plusieurs
« milliards et la fleur de sa jeunesse. »

« J'ai fait ressortir la nécessité d'avoir une
« récompense. »

« M. Briand m'a répondu: « C'est juste. Trente
« et Trieste seront à vous : nous vous aiderons. »

« J'ai repris les arguments que j'avais exposé à
« M. Viviani, c'est-à-dire que Trente et Trieste
« ne représentaient pas pour l'opinion publique
« italienne la récompense que la France nous
« devait. Mais M. Briand m'interrompit, et avec
« une force admirable et le charme de sa voix
« et de son geste, il commença à parler comme
« s'il était à la tribune de la Chambre. Voici
« le très pâle résumé de ses paroles :
« Dans la crise actuelle il faut envisager le
« côté politique de la question. Quel est l'inté-
« rêt indiscutable de l'Italie? L'écrasement de
« l'Autriche, son irréductible adversaire sur terre
« et sur mer. Mais il faut que cet écrasement se
« fasse avec la coopération de l'Italie. La neutra-
« lité lui fait courir bien des risques. Elle lui fait
« subir des grandes pertes d'une part, et d'autre
« part elle enlève à l'Italie les bénéfices politiques
« de l'opération. La neutralité, vous le savez bien,
« c'est presque un aveu d'impuissance. La flotte
« et l'armée, après avoir garanti l'intégrité territo-
« riale d'un pays, doivent servir aussi à lui assurer
« son développement, son influence, son rayonne-
« ment dans le monde. Les armées italiennes auront-
« elles jamais une meilleure occasion pour faire
« jouer son *rôle* à l'Italie? Je suis persuadé que
« l'Italie ne peut pas rester neutre, car si elle n'in-
« tervenait pas, elle sortirait amoindrie de la guerre.

« Il faut qu'elle joue son rôle de grande puissance
« dans la politique mondiale; si elle ne le joue pas,
« l'Italie ne tient pas son rang, elle devient une
« puissance de deuxième ordre. Oui, au commen-
« cement de la guerre, il fallait à l'Italie du temps
« pour prendre ses décisions. Il fallait aussi y
« mettre une certaine coquetterie. Nous autres,
« alliés, nous avons entrepris une opération de
« grande envergure; si elle réussit, et j'en ai la cer-
« titude absolue, la situation actuelle internationale
« sera bouleversée. Je ne comprends pas que
« quelques hommes d'Etat italiens ne soient pas
« encore persuadés de tout cela. Il est pour
« moi inconcevable que l'opinion publique ita-
« lienne, si avisée, si fine, n'ait pas encore saisi
« toute l'importance politique de cette question; à
« l'heure actuelle elle devrait être dans un tel état
« de fièvre, que le gouvernement devrait avoir de
« la peine à la contenir.

« Il est certain qu'il faut préparer ses titres au
« partage.

« C'est sur les champs de bataille qu'il faut for-
« ger ses droits. La neutralité ne suffit pas. Tous
« ceux qui auront pris part à la guerre auront une
« part très large. Nous pourrons tailler en plein
« drap; l'essentiel c'est de se trouver devant la
« table à couper, les ciseaux en main, prêt à se
« tailler sa part. Mais l'Italie est une très grande

« dame ; elle prépare ses effets de toilette pour
« notre soirée de gala. Les questions de détail… »
    « — Les questions de détail, lui fis-je, ont une
« certaine importance ; celle de la Méditerranée,
« par exemple… »
    « M. Briand ne me laissa pas finir : Non, cher
« ami, me dit-il, les questions de détail n'ont pas
« une très grande importance dans un problème
« aussi vaste.
    « Allez voir M. Delcassé et causez avec lui… »
    « Il était 7 heures et demie. M. Briand avait un
« rendez-vous. Je me suis retiré. L'impression que
« j'ai eue de cette conversation est la même
« que celle de la conversation avec le Président
« du Conseil. Il faut causer, et tout de suite. »

    « Hommages respectueux. C. SABINI. »

J'écris ensuite la lettre suivante à M. Nicola
d'Atri :

Bordeaux, ce 6 octobre 1914.

« Monsieur d'Atri,
« Secrétaire particulier de S. E. le Président
« du Conseil, Rome.

« Mon cher d'Atri,

« Vous me pardonnerez, si je vous expose mon
« opinion avec ma franchise habituelle.

« Il me semble donc :

« 1° Que notre neutralité ne peut pas durer
« éternellement pour bien des raisons, et particuliè-
« rement pour les raisons politiques que M. Briand
« m'exprima et que j'ai relatées à notre Prési-
« dent du Conseil dans un rapport ci-inclus.

« 2° Qu'il faut négocier notre intervention à
« Bordeaux, à Londres et à Saint-Pétersbourg
« pour intervenir à temps.

« 3° Qu'il faut, avant tout, avoir notre matériel
« d'artillerie tout prêt avant de nous engager à
« fond car la guerre d'aujourd'hui n'est qu'un duel
« d'artillerie.

« Je suis d'avis que, si nous ne pouvons pas inter-
« venir tout de suite militairement, nous devons pré-
« parer, toutefois, dès maintenant diplomatique-
« ment notre intervention. Je ne sais pas ce que le
« marquis di San Giuliano a fait à Londres et à
« Saint-Pétersbourg, mais en principe je n'ai pas
« trop de confiance dans notre diplomatie. En atten-
« dant, à Bordeaux, nous n'avons rien fait, car les
« instructions machiavéliques de la Consulta, à ce
« qu'il paraît, sont celles-ci: Il faut négocier à
« Londres et à Saint-Pétersbourg, mais il ne faut
« pas travailler à Bordeaux.
« Le Quai d'Orsay commence à faire publier par

« ses journaux que la France ne sait que faire de
« l'intervention italienne, que Trieste est slave et
« qu'elle doit être donnée aux Serbes, avec Pola,
« Fiume et la Dalmatie. Or, si nous négocions à
« Bordeaux, le Quai d'Orsay ne ferait pas publier
« de ces enfantillages. M. Tittoni continue à rester
« neutre. Je ne puis espérer aucune aide de sa
« part; je fais le peu que je puis, mais il faudrait
« bien plus que cela.

« Votre SABINI. »

6 *Octobre, 11 heures.* — Je vois M. Tittoni à l'Ambassade et je lui donne lecture de mon dernier rapport à M. Salandra.

Je le prie en même temps de voir M. Delcassé, et de lui faire comprendre à demi-mots que je le tiens au courant de tout. Cela donnera plus de poids à ma démarche. M. Tittoni me promet de le faire. En ma présence, il fait téléphoner au Ministère des Affaires Etrangères pour demander un rendez-vous à M. Delcassé. On lui répond que le Ministre l'attend cet après-midi.

3 *heures.* — Je passe aux Affaires Etrangères, et je demande une audience à M. Delcassé. On me répond qu'il est sorti. Je prie son chef de Cabinet de me faire savoir chez moi à quelle heure je pourrai le voir le lendemain.

7 Octobre. — Ayant fait demander un rendez-vous à M. Delcassé et ma démarche étant demeurée sans réponse, je vais à 10 heures chez M. Clemenceau qui me dicte la lettre suivante pour M. Delcassé :

Bordeaux, ce 7 octobre 1914.

« Monsieur le Ministre,

« J'ai eu avec M. Viviani, Président du Conseil,
« et plus tard avec M. Briand, une conversation
« très précise sur la situation actuelle de l'Italie
« au regard de la Triple Entente. J'arrive de
« Rome, où j'ai eu occasion de traiter la même
« question avec des hommes politiques de *premier*
« *rang*. Ce que j'ai rapporté à MM. Viviani et
« Briand a paru les intéresser vivement, et tous
« deux ont conclu par ces mots : *Allez voir*
« *M. Delcassé*.

« C'est dans ces conditions, Monsieur le Ministre,
« que j'ai l'honneur de solliciter de vous une
« audience, pour vous exposer certains aspects de
« la question italienne, dont il est important que
« tous les détails demeurent présents à votre esprit.

« Veuillez agréer, etc.... G. SABINI. »

10 Octobre. — Voilà trois jours que j'ai écrit à M. Delcassé. Ma lettre est restée sans réponse !

J'ai prié M. de Monzie de vouloir bien lui demander les raisons de ce silence.

Aujourd'hui, j'ai reçu ce petit mot de M. de Monzie :

Samedi, 10 octobre 1914.

« Mon cher ami,

« Excusez-moi de ne pas vous voir avant mon
« départ que je suis obligé d'avancer de quelques
« heures. Au surplus, je ne vous aurais rien apporté
« de nouveau. Dans le retard dont vous vous plai-
« gnez, il n'y a rien qui vous soit personnel; à
« tort ou à raison, on a estimé qu'il y avait lieu
« de différer. Voilà tout; vous vous en doutiez
« déjà. J'aurai un entretien avec lui lundi ou mardi,
« dès mon retour, à ce sujet.

« Croyez, je vous prie, à mes meilleurs et tout
« dévoués sentiments.

« DE MONZIE. »

Cette réponse m'étonne. Pourquoi De Monzie m'écrit-il: « il n'y a rien qui vous soit personnel? » En tous cas, il sait pourquoi M. Delcassé ne m'a pas encore répondu.

14 Octobre. — Nous sommes le 14 : voilà sept jours que j'attends une réponse. Je veux savoir la raison de ce retard.

10 *heures*. — Je m'en vais donc chez M. Clemenceau et je lui explique la situation. Il me dit : « Allez voir M. Ribot; mettez-le au courant de « tout, et priez-le de ma part de poser nettement « la question à M. Delcassé en lui demandant la « raison de son attitude à votre égard. En attendant, je vais prévenir M. Ribot de votre visite. »

2 *heures*. — Je vais chez M. Ribot, et le prie, au nom de M. Clemenceau, de demander à M. Delcassé pourquoi il ne m'a pas encore accordé l'entretien demandé. M. Ribot m'assure qu'il posera la question à M. Delcassé au prochain Conseil des Ministres.

5 *heures*. — Je vois M. Briand : je lui demande s'il connaît les raisons de l'attitude de M. Delcassé. Il me répond: « Je vous engage à faire des recherches du côté de l'Ambassade d'Italie ».

15 *Octobre*, 10 *heures*. — Chez M. Clemenceau. Je le mets au courant de la démarche que j'ai faite auprès de M. Ribot, et je lui dis aussi ce que M. Briand m'avait laissé comprendre. M. Clemenceau est furieux. Il me dit textuellement : « Votre Tittoni ne sait faire que des c........ries. Vous ne pouvez pas obtenir un abricot d'un pommier. Tous les hommes politiques français

l'ont en horreur ». J'essaye de défendre M. Tittoni. M. Clemenceau me répond : « Sabini, ne faites pas l'idiot ».

3 heures. — Je vais voir M. Briand au Ministère de la Justice. Il m'informe que ce matin, au Conseil des Ministres, M. Ribot a demandé à M. Delcassé pourquoi il ne m'avait pas accordé l'entretien que j'avais sollicité et que M. Delcassé lui avait répondu que M. Tittoni l'avait prié de n'avoir de communications *qu'avec lui.*

5 heures. — Je vais au Ministère des finances, où M Ribot me confirme ce que M. Briand m'avait annoncé, et il ajoute : « Vous comprenez la situa-
« tion délicate de notre Ministre des Affaires
« Etrangères, après la démarche faite par votre
« Ambassadeur. Il est impossible à M. Delcassé
« de causer avec vous, après ce qui lui a été dit
« par M. Tittoni. »

Et M. Ribot continue : « Je vous autorise à répé-
« ter à M. Tittoni ce que M. Briand et moi vous
« avons dit. C'est M. Tittoni qui a déclaré à
« M. Delcassé qu'il lui serait fort désagréable
« qu'il causât avec vous. »

Les déclarations de M. Briand et de M. Ribot m'ont troublé, car j'entends encore M. Tittoni me promettre que, sans engager l'action du gouvernement et sans se compromettre, il aurait fait comprendre à M. Delcassé, à « demi-mots » et par des vagues allusions, non seulement qu'il était au courant de toutes mes démarches, mais aussi qu'il ne s'y opposait pas !

Je sais, par expérience, ce qu'on peut attendre des hommes en général et de certains hommes politiques en particulier. Aussi, ce qui m'arrive me trouble, mais ne m'étonne pas outre mesure.

Seulement, je cherche à comprendre, et avant de juger les hommes et les choses, je veux connaître la vérité clairement et distinctement, selon la bonne règle de Descartes.

16 *Octobre*. — Je me rends donc à l'Ambassade pour communiquer à M. Tittoni ce que MM. Briand et Ribot m'ont dit.

M. Tittoni me répond : « Ma conversation avec
« M. Delcassé a eu un caractère général. Je n'ai
« pas prononcé votre nom. J'ai fait allusion aux
« rapports strictement officiels, c'est-à-dire aux
« déclarations qui devaient être faites à M. Del-
« cassé, au nom du Gouvernement. D'autre part,
« j'ai causé une fois seulement avec M. Delcassé
« à propos de la neutralité italienne, et, suivant les
« instructions reçues de Rome, je l'ai informé que,
« en cas de rupture de la neutralité, le Gouverne-

« ment italien aurait fait ses déclarations à Londres
« et non pas à Paris. »

M. Tittoni m'assure n'être pas opposé à ce que
je puisse avoir une conversation avec M. Delcassé.
Je me dis qu'il peut y avoir un malentendu ! Peut-
être que M. Delcassé a donné aux paroles de l'Ambassadeur une portée qu'elles n'avaient pas.

3 heures· — Je reçois de Rome un télégramme
de M. Bergamini, directeur du *Giornale d'Italia,*
qui me demande de lui obtenir une interview de
M. Delcassé pour son journal.

Je veux profiter de cette occasion pour demander
encore une fois un entretien à M. Delcassé.

Je joue ma dernière carte, tout en sachant que
la partie est perdue.

Je rentre et je prépare la lettre suivante :

Bordeaux, le 16 octobre 1914.

Son Excellence M. Théophile Delcassé,
Ministre des Affaires Etrangères, etc....

Bordeaux.

« Monsieur le Ministre,

. . . .

. . . .

« Je connais vos grands mérites et tout particu-
« lièrement votre extrême courtoisie.

« J'ose donc vous écrire librement d'homme à
« homme.

« Vous savez qu'au commencement de la guerre,
« je suis accouru à Paris, où j'ai eu l'honneur de
« voir plusieurs fois M. Poincaré, M· Viviani,
« M.Briand, M. Clemenceau, M. Ribot, M. Dou-
« mergue, M. Millerand, M. Thomson, M. Sem-
« bat et... vous-même. Après avoir contribué, dans
« la mesure de mes forces à consolider et à rendre
« bienveillante notre neutralité (M. Tittoni pour-
« rait vous renseigner à ce sujet) je me suis appli-
« qué à agir sur l'opinion publique italienne; vous
« en aurez la preuve dans les interviews publiées
« dans les journaux italiens, parmi lesquelles il y
« en a une signée *Théophile Delcassé*.

« Puis, je partis pour Rome. Il fallait voir les
« hommes du Gouvernement là-bas. J'ai informé
« S. E. M. Salandra, Président du Conseil, de
« tout ce qui avait été dit et fait à Paris. Bref,
« je vous avoue que j'ai fait tout ce que j'avais
« à faire, et que je suis retourné à Bordeaux,
« enchanté de mon séjour à Rome. Ici, j'ai vu
« M. Viviani et M. Briand, qui m'ont prié de
« venir causer avec vous. Cela a été impossible,
« jusqu'à présent. Et pourtant, je crois avoir mé-
« rité votre confiance, car du jour où le comte
« Tornielli, mort dans mes bras, m'honora de sa
« confiance, et m'appela à l'Ambassade, en toute

« occasion, dans toutes les négociations écono-
« miques, sociales et politiques, mon attitude a
« toujours été la même. Au moment où tout le
« monde s'inclinait devant la Triple Alliance, en
« pleine politique triplicienne, le 31 janvier 1909,
« en la présence du représentant officiel du Prési-
« dent de la République, de M. Viviani, de l'Am-
« bassadeur d'Italie et devant mille Français, celui
« qui vous écrit ces lignes affirmait avec crânerie
« ses sentiments et parlait de l'alliance franco-
« italienne !

« Et puis, voyons, un psychologue aussi fin que
« vous, peut-il croire que ma demande, que mon
« insistance n'a pas sa raison d'être ? Le fait que
« depuis le mois d'août M. Tittoni est au courant
« de toutes mes démarches, le fait que le Gouver-
« nement, après m'avoir entendu, m'a renvoyé
« à Bordeaux, cela ne dit rien à un esprit aussi
« avisé que le vôtre ? Je crois savoir que quelques-
« unes des opérations de M. de Cavour ont été
« préparées, en dehors des Ambassadeurs, par
« des hommes jouissant de la confiance des Gouver-
« nements sarde et français ; ces intermédiaires, sans
« engager l'action de leurs Gouvernements, prépa-
« rèrent le terrain des ententes scellées ensuite sur
« le champ de bataille. C'est mon but.

« J'ai dit à M. Ribot pourquoi M. Tittoni ne

« peut pas et ne doit pas intervenir (1). C'est moi
« qui puis et dois le faire. Ayez donc confiance et
« causez avec moi, librement, à titre purement per-
« sonnel : vous n'engagerez pas votre action de
« ministre. Dès maintenant, je vous promets de
« transmettre à Rome notre conversation dans la
« mesure et avec les nuances qu'il vous plaira de
« m'indiquer.

« En d'autres circonstances, j'ai envoyé à Rome
« des dépêches lues et approuvées par M. Poincaré
« et M. Doumergue. Je vous soumettrai mes dépê-
« ches avant de les envoyer, pour que vous puissiez
« les corriger à votre convenance. Je vais plus loin :
« vous me désavouerez si vous le voulez, mais ne
« me refusez pas de causer. Il est indispensable
« que nous causions en amis, franchement, loyale-
« ment, en nous regardant dans les yeux. Après
« avoir établi le contact, après avoir rompu la
« glace, je m'effacerai, et donnant la gloire à
« d'autres, je garderai pour moi la satisfaction du
« devoir accompli.

« Vous savez que pour la bienveillance que vous
« m'avez témoignée depuis vingt ans, je vous ai
« toujours gardé une profonde reconnaissance dans
« la bonne et dans la mauvaise fortune. J'ajoute
« que n'attachant aucune importance au fait que ma

______

(1) A cause de la neutralité déclarée officiellement par l'Italie.

« dernière lettre soit restée sans réponse, je per-
« siste dans le même sentiment à votre égard. Ce que
« je désire ardemment, ce que je veux, c'est être
« utile à l'Italie et à la France. Et pour cela, je
« suis prêt à prendre mes responsabilités, travaillant
« à mes risques et périls, m'exposant à être désa-
« voué par les uns et par les autres s'il le faut ; la
« seule et grande joie de servir mon pays et le
« vôtre me suffit.

« Voilà exactement mes sentiments. C. SABINI. »

Vers cinq heures, je me rends au Ministère des Affaires Etrangères. J'y rencontre M. Piccioni, chef de Cabinet de M. Delcassé. Je le prie de remettre ma lettre au Ministre et de lui communiquer aussi le télégramme de M. Bergamini.

18 Octobre. — Après deux jours d'attente, je reçois ce petit mot de M. Piccioni :

« Affaires Etrangères »
« Cabinet du Ministre »

« 18 octobre, 1914. »

« Cher Monsieur,

« J'ai communiqué au Ministre le télégramme
« de M. Bergamini que vous avez bien voulu laisser

« et que j'ai l'honneur de vous retourner ci-joint.
« Comme je vous le faisais prévoir, le Ministre
« croit devoir décliner toute interview actuellement.
« J'ai remis également à M. Delcassé la lettre
« qui lui était destinée.

« Veuillez agréer, cher Monsieur, l'assurance de
« mes sentiments les plus distingués.

« PICCIONI. »

Pas un mot au sujet de l'entretien que j'avais demandé.

Ce silence confirme les déclarations de M .Briand et de M. Ribot. Donc, je me trouve toujours en face de deux affirmations contradictoires. M. Delcassé affirme que l'Ambassadeur lui a déclaré qu'il ne devait pas me recevoir. M. Tittoni affirme le le contraire. Qui croire? Cruelle énigme !

Sur ces entrefaites, je reçois cette lettre de M. d'Atri :

Rome, le 15 octobre 1914.

Le Secrétaire particulier
de S. E. le Président du Conseil.

« Mon cher Sabini,

« J'ai reçu vos deux plis avec les deux lettres
« successives à M. le Président, mais je regrette

« de devoir vous dire que M. le Président n'a pas
« retenu de devoir vous répondre, car il ne veut
« absolument pas autoriser des démarches qui
« n'aient été déjà autorisées par S. E· Titoni et
« dont M. Tittoni ne soit pas directement informé
« par vous. Cela, d'ailleurs, concorde avec ce que
« je vous ai déclaré de vive voix à Rome, avant
« votre départ, etc., etc.

« Salutations cordiales de votre

Nicola D'ATRI. »

21 Octobre. — A onze heures du matin, je vois M. Tittoni, et je lui lis la lettre de M. d'Atri.

Il m'assure n'avoir rien écrit à M. Salandra. Je le prie alors de télégraphier à M. le Président du Conseil, en l'assurant que je lui avais préalablement lu les rapports envoyés à Rome, et que je l'avais toujours tenu au courant de toutes mes démarches.

Notre conversation est très froide. M. Tittoni me promet d'envoyer à M. Salandra une dépêche dans ce sens-là.

Bref : je me trouve encore une fois en présence de deux affirmations contradictoires. Qui croire ? M. Tittoni ou M. d'Atri ?

Hélas ! Il est évident que M. Tittoni m'a joué avec beaucoup de « maëstria » ; une première fois avec M. Delcassé, une deuxième fois avec M. Salandra. Tout devient d'une clarté aveuglante.

M. Tittoni m'avait permis de marcher, mais il m'avait préalablement lié les jambes, de façon à m'empêcher d'arriver jusqu'à M. Delcassé. De même, il vient à présent de me lier les mains, de façon que je ne puisse plus écrire à M. Salandra ! Ce raffinement de ruse de la part de M· Tittoni n'a rien d'étonnant. *Si parva licet componere magnis,* cela me rappelle le cardinal Mazarin, recevant le bouillant Condé, lui faisant la meilleure mine du monde, tandis que dans la même pièce Lyonne écrivait son ordre d'arrestation.

Heureusement, M. Tittoni ne peut rien me faire. J'ai la parole de M. Salandra !

Je ne veux rien dramatiser. M. Tittoni, un jour ou l'autre, pourra juger par lui-même ses procédés à mon égard. Je n'y attache pas une grande importance, car au milieu des événements qui mettent en jeu les intérêts vitaux du pays, les questions personnelles sont vraiment insignifiantes. Probablement, il a voulu m'exécuter pour prendre en mains la direction effective des négociations. En effet, pendant ces jours-ci, il a télégraphié constamment à Rome. Il ne m'appartient pas d'en dire davantage ! La conduite de M. Tittoni sera expliquée le jour où l'on publiera les télégrammes et les notes qu'il a envoyés pendant cette première quinzaine d'octobre, soit à M. Salandra, soit à M. Sonnino.

En attendant, je vais répondre à la lettre de M. d'Atri, car je ne veux pas que le Président du Conseil puisse croire que je n'ai pas tenu les engagements pris envers lui et que, de ce fait, j'ai trahi sa confiance.

Voici ma lettre à M. d'Atri :

Bordeaux, le 22 octobre 1914.

« Cher d'Atri,

« Votre lettre du 15 courant ne m'étonne pas.
« Je regrette simplement que votre bonne foi, ainsi
« que celle de M. Salandra aient été surprises. Par
« qui? Je ne le sais pas et ne veux pas le savoir.
« Par quels moyens? Je suis trop fier pour des-
« cendre à de pareilles enquêtes.
« Mais venons à ce qui m'intéresse.
« Par votre lettre il semblerait :

« 1° que j'aie fait des démarches qui n'étaient
« pas autorisées par S. E. Tittoni.

« 2° que M. Tittoni n'ait pas été informé direc-
« tement par moi.

« Or, je veux et dois vous affirmer sur mon
« honneur :

« 1° que M. Tittoni a été préalablement et
« minutieusement informé par moi de toutes mes
« démarches, ainsi que des conversations que j'ai
« eues à Paris, à Rome et à Bordeaux.

« 2° que j'ai lu à M. Tittoni tous mes rap-
« ports envoyés à M. Salandra, avant que ceux-
« ci ne fussent expédiés.

« Je ne suis pas un homme qui puisse manquer
« aux égards dus au représentant de l'Italie, envers
« lequel j'ai toujours été très correct.

« Je ne peux et je ne veux permettre à per-
« sonne de m'amoindrir moralement. J'ai tant de
« fierté et d'indépendance morale et matérielle,
« que je ne tolère de personne de pareils pro-
« cédés. Aussitôt reçu votre lettre, je l'ai lue
« à M. Tittoni. Je l'ai prié de télégraphier à
« S. E. Salandra, en affirmant :

« 1° Que j'ai toujours tenu M. Tittoni au courant
« de tout.

« 2° Que je lui avais lu mes rapports avant
« de les envoyer.

« M. Tittoni m'a affirmé, ce soir, qu'il avait
« télégraphié dans ce sens-là.

« De la sorte, je crois avoir dignement sauve-
« gardé mon honorabilité personnelle auprès de
« vous, de M. Salandra et de M. Tittoni.

« *Et de hoc satis.* Quant à vous, mon cher
« d'Atri, je vous sais infiniment gré de m'avoir
« informé tout de suite de la manœuvre ourdie
« contre moi. Votre clarté et votre loyauté vous
« honorent grandement. Vous vous êtes conduit
« en vrai gentilhomme; permettez-moi de vous
« dire que cela a servi à augmenter l'estime que
« j'ai pour vous. Et puisque votre lettre vous a
« été inspirée par M. Salandra, ayez l'obli-
« geance de lui répéter également ce que je vous
« ai écrit. M. Salandra est le chef du Gouver-
« nement; moi, je ne suis rien hiérarchiquement;
« mais nous sommes cependant égaux en vertu
« de ce que les Anglais appellent « le respect
« de soi-même ».

« Avec mes salutations les plus cordiales,

« Votre très affectionné.

« C. SABINI. »

Cette lettre est l'épilogue à la fois triste et
décourageante d'une longue négociation que j'avais
entreprise avec enthousiasme, par amour de mon
pays et de la France.

Il faut quand même reconnaître qu'à Paris et
à Bordeaux on a jeté les bases, on a discuté les
conditions de notre intervention. Donc, on ne peut
pas dire que ces négociations ont été inutiles. Tout

au plus, pourrait-on regretter qu'elles n'aient pas donné des résultats plus concrets. Mais en y réfléchissant bien, on trouve qu'elles ne pouvaient pas donner davantage.

Je laisse de côté toute question de personne. Je ne veux pas insister sur la façon dont M. Tittoni s'est pris pour me mettre en échec. Chacun agit à sa façon, d'après son tempérament. Je préfère reconnaître que M. Tittoni ne pouvait pas du jour au lendemain renier ses idées, ses sentiments, ses discours, ses actes et tout son passé.

Il a dirigé pendant dix ans la politique étrangère italienne. Tout dernièrement, il a accepté le renouvellement du traité de la Triple Alliance. Peut-il maintenant pousser l'Italie contre l'Autriche dans une guerre qui aboutira, fatalement, à un conflit avec l'Allemagne? Peut-il entraîner son pays à prendre les armes contre ceux qu'il a toujours considérés comme ses propres alliés? Non. M. Tittoni peut subir le bouleversement de toute la politique étrangère italienne, il peut subir le renversement de nos alliances, mais il ne saurait le provoquer.

Enfin, il faut tout dire. M. Tittoni représente « l'appareil formidable de l'Etat soutenu par « l'inconscience des foules ». Et sa politique a l'adhésion de toute la diplomatie, ainsi que de la grande majorité de l'armée, du Parlement et du peuple italien.

La vérité est qu'à Paris et Bordeaux se sont heurtés non deux hommes, mais deux conceptions politiques : la neutralité et l'intervention.

L'ardeur, la foi des interventionnistes ont été brisées par la force d'inertie et la passivité des neutralistes tout puissants.

M. Tittoni a gagné la première manche. Je l'attends à la deuxième.

Cependant, M. Salandra qui veut profiter de l'occasion et déclarer la guerre à l'Autriche pour parfaire l'unité italienne, a commis deux fautes :

1° Celle de laisser comme ambassadeur à Paris, M. Tittoni, qui, à tort ou à raison, ne jouit pas de la confiance du Gouvernement français.

2° Celle de ne pas négocier en secret avec le Quai d'Orsay, sauf à déclancher notre intervention dès que nous aurions été prêts.

Il est certain que M. Tittoni a contribué à nous faire commettre cette erreur; mais il serait vraiment excessif d'en faire retomber sur lui toute la responsabilité.

On dit qu'on a hésité à traiter à Paris, justement parce que nous y étions représentés par M. Tittoni.

C'est une piètre excuse, car on n'avait qu'à le rappeler à Rome ou, si en rappelant M. Tittoni on craignait de dévoiler à Vienne et à Berlin nos véritables intentions, on pouvait le laisser à Paris, mais alors il fallait traiter avec la France en dehors de lui par entremise d'une tierce personne, jouissant de la confiance de deux gouvernements.

Pour mon compte, je crois pouvoir affirmer qu'en réalité M. Salandra et M. Sonnino préfèrent négocier à Londres, car ils pensent que toute la direction politique de la guerre partira de Londres. A mon avis, ils se trompent. Il suffit, en effet, de passer à Paris pour se rendre compte que, déjà, la France a pris en main la conduite des opérations militaires et diplomatiques. En tout cas, les bases de l'intervention italienne sont jetées; les conditions en sont prévues.

Il est à souhaiter qu'elles ne soient pas modifiées à notre désavantage, car la situation sur le front se stabilise, le danger diminue et notre concours devient moins précieux. Qui vivra verra.

I. — *Nécessité de l'intervention italienne.*

Jusqu'à présent, j'ai reproduit mon journal, tel que je l'avais écrit en 1914. Nous sommes en 1921 ; la guerre est finie et la paix signée. Profitant des désastres qui se sont accumulés sur mon pays, les neutralistes germanophiles relèvent la tête ; exploitant nos difficultés intérieures, ils déclarent responsables de la crise actuelle tous ceux qui ont entraîné l'Italie à la guerre.

Je vais leur répondre en toute franchise.

En premier lieu, l'Italie pouvait-elle rester en dehors du conflit mondial ? Je ne le crois pas. Sa neutralité aurait été plus qu'une grande incertitude : elle aurait été un danger. Car, à la fin de la guerre, non seulement l'Italie n'aurait point cueilli les fruits de la victoire ; mais, ce qui est bien pire, elle serait restée toujours à la merci de l'étranger. Moins endettée peut-être, mais seule dans le monde, appauvrie, travaillée par des doctrines malsaines, proie facile pour les convoitises étrangères d'aujourd'hui et de demain, déshonorée aux yeux du monde, elle serait tombée au rang d'une puissance de troisième ordre. Une nation neuve et à demi-barbare aurait pu rester neutre, mais un pays de la plus grande et de la plus ancienne civilisation, un pays qui, après avoir dominé le monde par le droit et la force, l'avait conquis par la religion et par les arts, un pays reconstitué sur les principes du droit et de la justice, sur les idées d'indépendance et de liberté, ce pays-là ne le pouvait pas.

Il lui était impossible d'assister, indifférent, à l'invasion de la Belgique, au régime d'épouvante et de terreur instauré dans les provinces envahies, aux destructions systématiques, aux torpillages des bateaux, au bombardement des villes et des temples, à l'esclavage des paisibles populations, à toutes les horreurs, à tous les crimes commis par des bandes d'assassins. L'Italie aurait pu économiser quelques dizaines de milliards, mais après avoir renié son passé et compromis son avenir, elle aurait du même coup perdu sa raison d'être.

La neutralité n'était que l'expression d'un matérialisme délétère, doctrinal ou social.

Elle était le vœu d'une démagogie, esclave d'une préoccupation égoïste, étroite et dangereuse.

Elle était aussi l'idéal de quelques aristocrates vaniteux et imbéciles et d'un grand nombre de bourgeois veules et avares.

Elle ne tenait aucun compte ni des aspirations idéales et intellectuelles, ni de l'âme, ni des sentiments, ni du cœur, ni de ce je ne sais quoi qui est au-delà de la matière, qui surpasse la vie, et qui pourtant, seul, donne une valeur à l'existence des hommes et des peuples.

Non, l'Italie se devait à elle-même d'intervenir ; et ce fut son honneur de défendre, les armes à la main, la liberté, le droit, la justice, la foi des traités et tout l'ensemble des biens qui composent son patrimoine moral.

A côté de ceux qui défendaient les mêmes idées, les mêmes principes, la même civilisation, l'Italie devait en même temps poursuivre d'autres buts qui étaient pour elle d'une primordiale nécessité.

Personne ne hait la guerre plus que moi. J'ai horreur du carnage qui ensanglante les champs de bataille. Je considère la vie comme le bien suprême.

Ayant le respect du droit, je ne puis m'incliner devant la force brutale. Ayant le goût des arts et de toutes les manifestations intellectuelles, je ne saurais admettre ce retour à la sauvagerie, aux pires instincts de la barbarie. J'aime la paix, car je suis convaincu qu'elle a été la condition essentielle, primordiale des progrès de tout ordre réalisés depuis que l'humanité sortie des cavernes troglodites, a ennobli sa destinée et s'est lentement, péniblement, acheminée vers un monde meilleur.

Cependant, malgré toute ma répugnance instinctive pour la guerre, je crois que dans l'état actuel
de la civilisation, l'emploi des armes devient, à certaines heures, l'instrument tragique, mais indispensable, pour continuer à vivre, à produire, à s'épa-
nouir.

Hélas ! l'unité italienne n'était pas achevée.
Il fallait parfaire l'unité ethnique et territoriale de
notre pays. En luttant pour la défense du droit et
de la justice des autres, il fallait satisfaire en même
temps à nos justes revendications nationales.

Dans le tourbillon qui emportait le monde, les
buts essentiels poursuivis par l'Italie d'une façon
toute particulière étaient :

1° Obtenir la restitution de Trente, de Trieste
et de l'Italie « irredente ». Et ce désir imposé par le
sentiment et l'honneur national se justifiait par le
devoir de fermer les frontières du nord et de l'est
à l'invasion autrichienne.

2° Garantir, *contre nos amis et nos ennemis*, les
côtes italiennes, à partir d'Ancône jusqu'à Brindisi,
afin de résoudre le problème naval de l'Adriatique.
Et le danger d'une attaque navale sur le littoral
italien venait-il seulement du côté autrichien ? Non.
Le péril slave dans l'Adriatique avait déjà inspiré
de justes craintes à la diplomatie tripliciste italienne, et tout particulièrement à M. Tittoni.

II. — *L'Italie dans le conflit mondial*

En 1915, l'Italie déclara donc la guerre à l'Autriche, sachant que fatalement cela devait aboutir à une guerre avec l'Allemagne. Toutefois, il faut l'avouer, la grande majorité du peuple et du Parlement accepta la guerre sans trop d'enthousiasme. En 1914 seulement quelques patriotes avaient prêché la nécessité d'une intervention à côté de la France et de l'Angleterre. Ensuite, quelques députés réformistes, les « irredenti », la franc-maçonnerie et une partie seulement de l'opinion publique étaient venus grossir cette minorité. Mais la majorité du peuple même en 1915, était restée hostile à toute entreprise militaire. Il n'y avait pas d'*unité morale*.

Ceci explique la survivance des éléments neutralistes et défaitistes, l'expansion formidable du socialisme unifié et la mollesse de notre politique intérieure contre les saboteurs de la guerre. Ceci explique une certaine insuffisance de clarté et de fermeté même vis-à-vis des alliés.

Toutes les faiblesses et les erreurs commises depuis en furent l'inévitable conséquence.

La catastrophe de Caporetto, elle-même, ne fut que l'éclair qui illumina ce ciel lourd d'orage, et obscurci par les misères et les horreurs de la guerre.

Oh ! les heures de tristesse et d'angoisse, ces jours de honte où tout semblait perdu ! Heureusement, M. Orlando qui, avec sa politique de compromission au Ministère de l'Intérieur, avait conduit le pays sur le bord de l'abîme, releva le défi du destin. Dans un suprême effort, il redressa le pays, déclara la patrie en danger, et, devant l'étranger envahisseur, fit *l'union sacrée* des Italiens. Un an après, les jeunes gens de 17 et 18 ans, toute la fleur de notre sang, toute cette jeunesse ardente, enthousiaste, vengeait à Vittorio-Veneto la honte de Caporetto, culbutait les armées ennemies, détruisait l'Autriche et gagnait la guerre.

Leur mérite aurait dû valoir à l'Italie un peu plus d'égards de la part des alliés qui oublièrent trop vite tous les risques de notre décision de 1915. Ils oublièrent que l'existence même de notre patrie avait été l'enjeu de la lutte, car il est hors de doute que si les Empires Centraux étaient sortis victorieux de la guerre, l'Italie aurait perdu les fruits d'un siècle de travail et de sacrifices. Les vainqueurs auraient commencé par occuper la Vénétie, la Lombardie et nos provinces du Nord. Déjà installés à Trieste et dans l'Adriatique, ils seraient devenus les maîtres de Gênes. S'étant appropriés les colonies françaises de l'Afrique du nord, ils auraient imposé leur domination tyrannique dans toute la Méditerranée. Après la victoire, ils auraient exigé des indemnités de guerre (à Berlin, on parlait de 500 milliards) dont une partie considérable aurait dû être payée par l'Italie. Mutilée, ruinée, asservie, celle-ci serait devenue un pays de protectorat, une colonie allemande. Voilà nos risques !

L'opinion publique italienne, dont on connaît l'esprit critique, s'en était rendue parfaitement compte dès les débuts de la guerre.

Et vraiment, il y avait eu de quoi être inquiet.

Est-ce qu'à certains moments l'Allemagne ne fut pas bien près de la victoire ? Est-ce que la défection russe, la guerre sous-marine, la campagne de Roumanie, les fautes anglaises et les défaites, à Caporetto et au chemin des Dames, ne furent pas un sujet de vives préoccupations pour les alliés ?

Si la ruée allemande sur Verdun eût enfoncé les lignes françaises, êtes-vous bien sûrs que nous aurions gagné la guerre ? Je vais plus loin. J'admets que si l'Allemagne eût brisé la résistance héroïque, gloire éternelle de l'armée française, elle aurait fini par perdre une guerre qu'elle n'aurait pu que prolonger.

Mais il est de toute évidence que toute prolongation de la guerre était bien plus préjudiciable à l'Italie qu'aux autres alliés, parce que notre pays ayant moins de réserves, de richesses, de ressources, offrait moins de résistance.

Entrée dans une lutte qu'on prévoyait de six mois ou d'un an, l'Italie s'est battue pendant trois ans et demi. Obligée par les conventions militaires interalliées de faire face à *une partie* seulement des forces autrichiennes, l'Italie, après la trahison russe a tenu tête à toute l'armée autrichienne !

Comment tous ses sacrifices ont-ils été récompensés ?

Hélas ! voyez la lire italienne. En 1914, elle valait 103 à Paris et 100 à Londres; elle vaut aujourd'hui 65 centimes à Paris et 25 centimes à Londres ! Et tout le reste est à l'avenant.

III. — *Résultats de la guerre*

Je veux m'expliquer franchement sur les résultats de la guerre pour l'Italie. Je dis, tout de suite, que si je déplore ses conséquences économiques, je ne saurais en dire autant à d'autres points de vue.

Je reconnais, en effet, que la guerre a duré trois années de trop. Ayant coûté à l'Italie cent cinquante milliards de lires, elle a été pour nous, Italiens, une défaite économique. J'ajoute que toutes nos difficultés actuelles proviennent de notre situation financière, telle qu'elle a été créée de 1915 à 1918. Oui, la guerre a duré trop longtemps. L'Italie en est sortie presque ruinée.

Ce fardeau est tellement écrasant pour un pays qui n'est point favorisé par ses richesses naturelles, que, très probablement, la génération actuelle n'assistera pas à la renaissance économique italienne. En effet, une période assez longue de crise est à prévoir.

Les hommes de ma génération nés vers 1870, ont vécu avant 1915 dans les bienfaits de la paix et ont vu la patrie s'élever peu à peu au rang de grande puissance, améliorer ses finances, créer son industrie, élargir ses colonies et rayonner dans le monde. Nous avons eu notre part de bonheur ! Après la guerre, après la victoire, nous avons vu aussi notre ennemi héréditaire s'effondrer, et nos frères de race affranchis du joug autrichien. Nous avons vu le sol national garanti contre toute invasion étrangère.

La pénible situation actuelle est pour nous la contre-partie douloureuse de tous les progrès réalisés avant et pendant la guerre. Nous devons l'accepter avec courage, avec une pleine confiance dans l'avenir.

D'ailleurs tout le monde souffre et s'affecte de la situation actuelle, car partout l'ensemble des conditions morales et matérielles a été profondément modifié et parfois balayé par le cyclone de la guerre. La moitié de l'Europe est en faillite: l'autre moitié est fort éprouvée par la dépréciation monétaire.

L'Amérique et l'Angleterre elles-mêmes, sont dans le marasme, car les hauts cours du dollar et de la livre empêchent les exportations et paralysent le commerce et l'industrie anglo-américaine. Bref : une crise générale sévit partout, chez les vainqueurs, les vaincus et les neutres.

Au fond, il s'agit d'un phénomène facile à expliquer. En effet, l'état de guerre est fini, mais l'état de paix est encore dans le domaine lointain des rêves. Dans les jours que nous vivons, dans cette période intermédiaire qui n'est pas la guerre et qui n'est pas encore la paix, nous subissons toutes les fâcheuses conséquences morales, politiques et sociales engendrées par la guerre. Malheureusement nous n'étions pas préparés à cette « *période de transition* », car on nous avait prédit, assuré que *nunc et illico* la paix avec tous ses bienfaits aurait succédé à la guerre et, naturellement, nous sommes désenchantés, désemparés par les ennuis et les difficultés actuelles. On nous avait promis un paradis terrestre, et nous voilà au milieu des agitations ouvrières sans fin et sans nombre, et des effroyables crises commerciales, industrielles et financières. Déçus du fol espoir éveillé par la victoire, accablés par l'augmentation formidable des impôts et la cherté de la vie, nous assistons au bouleversement des valeurs individuelles et sociales, et nous jugeons sévèrement la situation actuelle dépourvue de stabilité, de sécurité, menacée par le bolchevisme et l'anarchie.

Il faut quand même se faire à l'idée que cette période de convalescence, de transition est tout à fait naturelle et qu'elle durera jusqu'à ce que le monde soit reconstitué au double point de vue économique et politique. Dans combien d'années? Peut-être dix, quinze, vingt ans. Assurément, c'est beaucoup dans la vie des hommes, mais dans la vie des peuples, ce n'est pas grand'chose.

L'Italie traversera, elle aussi, cet état de transition.

Dans vingt ou trente ans, elle aura certainement pansé ses blessures. La France révolutionnaire ne connut-elle pas, après la détresse et le spectre de la faillite, des jours de grandeur et de prospérité?

En attendant, une profonde transformation s'opère sous nos yeux, avec des soubresauts et des violences regrettables, mais qui sont parfaitement explicables. Il est à prévoir que bientôt prendra fin le pénible enfantement de la nouvelle démocratie sociale et agraire italienne. Notre pays aujourd'hui a retrouvé une conscience nationale. Désormais, la période révolutionnaire est passée. Et c'est encore nous, interventionnistes, qui avons sauvé l'Italie de la barbarie de Moscou !

Aux folies bolcheviques et aux aventures réactionnaires succèdera bientôt une évolution progressive, une conception plus large, plus bienfaisante, plus compréhensive de la vie. La situation s'améliorera. Le régime retrouvera son état d'équilibre. On verra une nouvelle politique et le retour aux habitudes d'ordre, d'épargne, d'économie, de travail qui semblaient être le privilège de nos ouvriers. Il y aura eu auparavant des arrangements pour régler les dettes entre alliés, et même pour les dettes intérieures italiennes. Les finances publiques retrouveront, elles aussi, leur équilibre.

L'Italie, après avoir pansé ses blessures, assaini ses finances, rétabli la paix sociale, refait sa fortune publique, après avoir réalisé d'importants progrès dans toutes les branches de sa vie nationale, reprendra sa mission de liberté et de justice.

Notre victoire, c'est entendu, a été chèrement achetée, mais elle nous a affranchis de la servitude austro-allemande, et de toutes les humiliations que nous avons subies pendant soixante ans comme un sacrifice nécessaire pour notre délivrance et pour la paix du monde.

Ceux qui viendront après nous, porteront sur la guerre, dans le recul de l'histoire, un jugement d'ensemble serein et impartial. Quant à nous, mêlés à la bataille sublime et tragique qui ensanglanta l'univers, témoins des désastres qu'a subi le monde entier pendant cinq ans d'une lutte mortelle, nous sommes à la fois juges et parties.

Il est certain que les huées sauvages de nos adversaires perdront beaucoup de leur force, lorsque les avantages de la guerre seront consolidés et les difficultés applanies.

C'est alors que les historiens pourront dire que la guerre mondiale ne fut pas inutile pour la marche de la civilisation.

En résumé, s'il y a eu des résultats économiques désastreux, il y a eu aussi des résultats politiques très appréciables qui nous restent acquis *pour toujours*.

Il est bon que cela soit dit et répété à satiété, car il est indispensable de rafraîchir la mémoire de nos bons neutralistes. Il faut leur rappeler que l'Italie victorieuse a réalisé entièrement son rêve sur les frontières terrestres du Nord et de l'Est et qu'en même temps elle a partiellement résolu le problème naval de l'Adriatique. Elle a vu du même coup son ennemi séculaire s'effondrer et disparaître.

En 1915, parmi les Italiens exaltés, personne, que je sache, n'avait osé prévoir la fin de l'empire d'Autriche. A ce point de vue, les résultats de la guerre ont été infiniment supérieurs aux espoirs les plus optimistes.

Et je demande aux neutralistes : « Croyez-vous
« que cette libération politique, cet accomplis-
« sement de l'unité italienne pouvait être obtenus
« autrement que par le choc des armes ? »

Je m'aperçois ici que malgré moi j'en reviens à l'obligation absolue pour l'Italie d'intervenir dans le conflit mondial. Si ce sentiment avait été partagé non seulement par une minorité agissante, mais par toute la nation, si tous les vrais Italiens, oubliant les partis et les divisions, avaient marché d'un seul élan à la défense d'un idéal commun, les résultats de la guerre auraient été tout autres.

Malheureusement, cette unité morale, cet élan de toute la nation ne se produisit pas; soit par la faute d'hommes politiques tels que M. Giolitti, soit par toutes les misères de la vie parlementaire italienne, soit enfin par l'indifférence des masses populaires, auxquelles depuis cinquante ans on n'avait pas indiqué un but, un programme, un idéal vraiment national. Pis encore ! Cette unité morale ne fut même pas réalisée au milieu des interventionnistes eux-mêmes, qui à certains moments n'eurent pas la vision du grand rôle qu'ils s'apprêtaient à jouer. Ils parlèrent du « sacro egoismo », de la « nostra guerra », ils furent trop particularistes, alors qu'ils ne devaient être qu'Européens.

Ce manque de cohésion, cette diversité de sentiments nous empoisonna pendant la guerre. Après la guerre, il eut la plus fâcheuse répercussion dans les négociations pour la paix. En effet, dans une certaine presse, qui reflétait les courants malsains de l'opinion italienne, les critiques s'élevèrent violentes tantôt contre M. Sonnino, Ministre des Affaires Etrangères, tantôt contre M. Orlando, Président du Conseil. Les Yougo-Slaves, eux aussi, trouvèrent des défenseurs inattendus parmi les écrivains qui avaient entraîné l'Italie dans la guerre. En même temps, l'armée tiraillée par les divers courants de l'opinion publique, travaillée par la propagande socialiste, oubliant la victoire, perdait le sentiment de la discipline et du devoir militaire, et affaiblissait considérablement le prestige des négociateurs italiens à Londres et à Paris. Ce fut la folie du suicide. Pendant qu'on négociait, les socialistes unifiés de plus en plus audacieux, et fidèles à leur doctrine antinationale, en arrivaient aux barricades dans les rues.

Sur ces entrefaites, la délégation italienne à la Conférence de Paris, composée, en grande partie, d'un personnel médiocre, dirigée, sauf de rares exceptions, par des improvisateurs de politique internationale, auxquels on avait malheureusement adjoint certains « ronds-de-cuir » arrivistes sans scrupules, sans préparation et sans autorité, semblait hypnotisée par la seule question de Fiume. Désunie par les discordes et par les jalousies intérieures, mal renseignée par un service de propagande lamentable, affaiblie par de regrettables incidents militaires et par la situation politique intérieure du royaume, elle essuyait toutes les défaites : dans l'Adriatique, en Asie-Mineure, en Afrique, dans le monde entier.

Les hésitations, les faux-pas, les erreurs des représentants italiens pèsent lourdement sur notre pays. Ils ne furent jamais des « négociateurs ». Exemple : lorsqu'ils étaient appelés à discuter une question où l'Italie n'était pas directement intéressée, constamment ils se refusèrent à se prononcer pour ou contre. Jamais, ils ne négocièrent leur intervention en échange d'autres avantages sur d'autres points où l'Italie avait ses intérêts à défendre. C'est ainsi qu'ils ne tirèrent aucun parti de leur aide, de leur participation à la lutte, et qu'ils ne se créèrent ni amis, ni alliés. Il s'ensuit qu'ils restèrent seuls lorsque les questions vitales pour l'Italie vinrent sur le tapis. Cette tactique procura les beaux résultats que l'on connaît. On sait que depuis longtemps, depuis Cavour et Crispi, l'Italie était bien pauvre en personnel politique; mais pas à un tel point. Après cela, étonnez-vous que l'Italie victorieuse soit sortie vaincue de la conférence de la paix !

Dans le même temps, un homme intelligent, habile, astucieux, plein de foi et d'enthousiasme, représentant d'un pays qui ne s'était pas battu, qui, pendant un temps, prit même fait et cause contre les alliés, cet homme, dis-je, à lui seul faisait de la petite Grèce un grand Etat ! !

A toutes les faiblesses, à toutes les fautes et les

erreurs commises par l'Italie, il faut ajouter l'insatiable appétit de Lloyd George et le patriotisme exaspéré de M. Clemenceau. Il faut y ajouter également l'opposition passionnée, mais injuste, de M. Wilson. On s'explique alors aisément l'oubli des accords de Londres et de St-Jean-de-Maurienne, notre exclusion du partage des colonies allemandes, l'attribution de Smyrne à la Grèce, la politique de nos alliés à Vienne, à Fiume et dans les Balkans, et toutes les insuffisances du traité de paix.

M. Nitti, arrivé trop tard pour rétablir une situation déjà compromise, prêcha une politique italienne. Cela devait suffire pour créer la légende de sa francophobie. Lorsque la même politique fut défendue à Paris par les représentants de l'Angleterre, elle s'appela « entente », « alliance », « amour », « fraternité ». Oh! puissance des mots!

Malgré tous les déboires, malgré toutes les injustices, je le répète pour une troisième fois. l'Italie voit l'Autriche anéantie. Ses nouvelles frontières la garantissent contre une invasion étrangère. Le territoire, les villes, les ports reconquis par le sang italien sont la sauvegarde de ses intérêts dans l'Adriatique du Nord. L'Italie sort donc de la guerre moralement et politiquement agrandie. Tout cela, est-il un résultat vraiment négligeable? Il serait puéril de l'affirmer. Notre génération a bien servi les intérêts italiens: à ceux qui viendront après nous de faire le reste.

IV. — Conclusion

Je vais consacrer ces dernières pages aux rapports entre l'Italie et la France, car je voudrais que l'alliance à laquelle j'ai travaillé depuis vingt-cinq ans, et qui fut ensuite scellée sur les champs de bataille de l'Argonne, du chemin des Dames, sur le mont Tomba, et sur toute la ligne de feu, où Français et Italiens ont versé leur sang contre un ennemi commun, je voudrais que cette alliance survive à la guerre et devienne la base de notre politique étrangère.

Il y a maintenant dans notre patrie un tel courant d'hostilité contre la France, qu'il faut un réel courage pour exprimer un tel vœu. Peu importe ! J'ai la profonde conviction, la certitude morale, que l'avenir me donnera raison. Cela me suffit.

Je ne crois pas qu'il y ait avantage à cacher plus longtemps la vérité. A présent, il y a en Italie des ferments contre les alliés : la propagande antinationale, l'or bolchevik et la perfidie allemande les entretiennent soigneusement.

Les rapports entre l'Italie et la France sont aujourd'hui franchement mauvais. Les Ministres, les Ambassadeurs peuvent dire tout ce qu'ils veulent, la politique « officielle » peut être correcte et même amicale. Cela n'empêche que la masse du peuple italien soit montée contre la France.Même aux heures les plus difficiles de la Triple Alliance, la situation ne fut pas aussi mauvaise. Dans toutes les classes sociales, du cocher de fiacre aux Excellences Ministérielles, un véritable esprit frondeur s'élève contre tout ce qui est Français. Cet état d'âme est le résultat de la politique française de 1918 à 1919.

On nous dit que l'Italie a le tort de confondre la politique officielle avec les sentiments du peuple français. Non, les actes et les paroles officielles sont la politique française; c'est cela qui compte et non quelques articles de journaux ou des discours de banquet.

Je ne suis pas suspect. J'ai travaillé au grand jour. Depuis vingt-cinq ans, je me suis efforcé, selon mes modestes moyens, de collaborer à une véritable alliance entre la France et l'Italie. Mêlé à toute la politique franco-italienne, j'ai eu le bonheur de constater que, à partir du voyage de M. Loubet à Rome, les rapports entre nos pays s'étaient améliorés à tel point qu'en 1914, le traité de la Triple Alliance n'était plus qu'une survivance du passé, et qu'en 1915, il n'existait plus. Je dois ajouter qu'après la guerre, en 1919, toute l'Italie aurait souscrit avec enthousiasme à un traité d'alliance, si la France officielle avait fait le geste attendu.

Miné par le mal qui bientôt devait l'abattre, mais ivre d'orgueil, un Gnôme venu d'Amérique, qui ne pouvait rien comprendre à l'âme latine si complexe et si riche de la plus grande humanité, défiait l'histoire, la géographie et le bon sens pour atteindre l'Italie dans la seule partie où elle est invulnérable: dans son honneur national. Les alliés étaient agenouillés devant ce faux Messie. Ils ne comprenaient pas que pour nous, Italiens, Fiume était la ville sainte, que le péril nous rendait de plus en plus sacrée. Elle était la chair de notre chair.

Or, le geste que nous attendions de la France, c'était son appui sans conditions dans l'affaire de Fiume. Ce geste était pour nous la pierre de touche de l'amitié française.

Hélas! l'Italie de 1914, a qui la France avait juré une reconnaissance éternelle, l'Italie qui, pendant trois ans, avait partagé avec elle toutes les mortelles angoisses de la guerre, l'Italie vit la France prendre fait et cause pour « *les Croates* ».

Enfin, après une attente longue et patiente, l'aide française qui lui était indispensable pour vaincre la folle obstination de M. Wilson et l'intransigeance yougo-slave, ce concours qui devait être sans conditions, absolu, net, lui était offert sous la forme d'un projet transactionnel, inspiré par le souci de concilier les intérêts en présence et donner satisfaction à M. Wilson, aux Yougo-Slaves et à l'Italie.

Il avait été élaboré par M. André Tardieu. Il me plaît de rendre hommage aux rares mérites, à la haute intelligence et au grand talent de M. Tardieu, mais je lui avoue que son projet était inacceptable par les Italiens, car il ne sauvegardait pas leurs frontières militaires, il ne leur donnait pas la sécurité de la ligne des Alpes, il n'assurait pas la continuité territoriale entre Fiume et l'Italie, et enfin il n'attribuait pas à l'Italie certains chemins de fer, qui l'intéressaient au premier chef.

Non, la France ne fit pas le geste qu'on attendait d'elle.

Il y eut aussi d'autres graves difficultés.

La grande souplesse du comte Bonin-Longare, Ambassadeur d'Italie à Paris, son esprit de conciliation, sa réelle affection pour la France ont été mis à une rude épreuve en 1918 et 1919.

Je reconnais qu'il faut juger la politique française au point de vue français et non italien.

Je ne saurais critiquer M. Clemenceau qui, dès la fin des hostilités s'était lié tantôt avec M. Wilson pour mettre en échec M. Orlando, tantôt avec Lloyd George pour faire face à M. Wilson. Selon son habitude, il accablait les représentants italiens de boutades et parfois de sarcasmes. Il manquait de bienveillance même pour ceux qui avaient été ses amis les plus sûrs.

En réalité, après la guerre, l'Italie ne l'intéressait plus. Il escomptait l'appui militaire et financier de l'Amérique et de l'Angleterre. Cela lui suffisait. Et vraiment, s'il avait réalisé son programme, on pourrait s'expliquer son attitude envers l'Italie. Mais l'Amérique et l'Angleterre ayant refusé de souscrire aux engagements envisagés à Paris, la politique de M. Clemenceau a fait perdre à son pays la sympathie, l'amitié et le concours éventuel d'un peuple de quarante millions d'habitants.

Elle a laissé la France presque seule en face d'une Allemagne qui déjà rêve d'une prochaine revanche.

Et alors, je demande aux Français eux-mêmes, s'ils approuvent le panhellénisme, le panserbisme et toutes les créations fallacieuses et artificielles qui ont été la récompense offerte à l'allié qui avait sacrifié six cent mille Italiens et la moitié de sa fortune à la cause commune !

Mais ceci est une autre histoire; j'en reviens aux rapports franco-italiens. Je me rappelle donc les campagnes qu'une presse mal inspirée menait contre l'Italie, la conduite des généraux et des amiraux qui après Vittorio-Veneto avaient l'air de nous traiter presque comme des vaincus, les intrigues diplomatiques ourdies à Vienne et dans tous les Balkans, bref, toutes les blessures qu'on infligeait à notre amour-propre. Le Quai d'Orsay et la Consulta revenaient à la politique de jadis !

Le résultat ne s'est pas fait attendre. A Rome, la France a perdu tout le terrain que l'Allemagne a reconquis. M. Giolitti est Président du Conseil, et M. Frassati, son Ambassadeur à Berlin, marche « la main dans la main » avec von Simons. C'est la riposte des adversaires de l'intervention italienne, la revanche des neutralistes et des germanophiles.

Je m'en voudrais de retrancher un seul mot à ce que j'ai écrit sur Clemenceau dans les pages qui précèdent. Je le considère toujours comme l'exemple le plus merveilleux de la force et de la volonté chez un homme. J'ai pour lui le respect que l'on doit aux nobles figures de l'histoire.

C'est peut-être son amour « exclusif » de la France qui lui a dicté sa conduite envers l'Italie.

Peut-être a-t-il été mal conseillé par ses collaborateurs.

Je n'en sais rien. Je sais seulement qu'il m'est infiniment pénible de parler de lui avec quelque amertume, car depuis vingt ans, je l'avais suivi les yeux fermés, avec une admiration sans bornes, un dévouement, une fidélité, une fierté qui étonnaient les adversaires de M. Clemenceau. Je regrette qu'il ait contribué, peut-être sans le vouloir, à creuser un fossé entre l'Italie et la France. Mais ceci, il faut qu'on le sache; car en le sachant, on pourra travailler utilement à améliorer cette situation.

Italien avant tout et profondément convaincu que l'Italie a tout intérêt à resserrer ses liens avec la France, je crois qu'il serait stupide de ne pas faire cesser la brouille existant entre les deux peuples. Et selon moi, c'est d'abord à l'opinion publique qu'il faut s'adresser, en s'expliquant franchement, ouvertement, car toutes les déclarations officielles, tous les traités du monde deviennent inopérants s'ils ne sont pas appuyés sur les sentiments publics.

J'ai dit *sentiments*. Car c'est dans le cœur des hommes qu'est le commencement et la fin de tout, comme disait Renan. Si le cœur n'y est pas, le meilleur « contrat de mariage » n'empêchera pas de prendre du plaisir ailleurs.

Or, pour agir sur l'opinion publique italienne, il ne suffit pas de lui parler d'intérêts et d'avantages économiques. Un accord est en effet possible, dans le domaine de la finance. On peut aussi par des conventions particulières régler l'échange de certaines matières premières qui abondent dans l'un des deux pays et font défaut dans l'autre.

Mais il ne faut pas oublier que les productions des deux pays, en général, sont similaires, et que, nécessairement, elles sont en concurrence sur le marché mondial. Cette politique mercantile a été pratiquée avec succès de 1900 à 1914, mais je ne crois pas qu'elle soit assez solide, assez large, pour en faire la base de la reprise des relations franco-italiennes.

A mon avis, il faudrait tout d'abord qu'à Paris on fût convaincu que l'Italie prend ombrage et ne saurait accepter l'hégémonie française en Europe et surtout dans la Méditerranée. L'Italie veut traiter avec la France sur le pied d'une parfaite égalité. Il y a là un problème d'ordre psychologique qui n'est pas facile à résoudre, et qui demande beaucoup de tact et de finesse d'un côté comme de l'autre. Cependant, il n'est pas insoluble pour deux peuples qui vivent la même vie intérieure, qui sont d'un même métal, d'une même fusion. Nous avons à peu près les mêmes idées, les mêmes principes en ce qui concerne la politique, et nous sentons à peu près de la même façon lorsqu'il s'agit de notre conscience. Cette unité intérieure, cet idéal qui est commun aux deux pays, cette force qui des deux côtés des Alpes assimile les Etats, les familles, les sociétés, les goûts, les arts, la culture, devraient être le levain de notre politique dans le monde.

La France doit être convaincue, une fois pour toutes, qu'une Italie grande et puissante est pour elle une sûreté, non un danger.

Je dis aux Italiens : « Laissez de côté les sou-
« venirs pénibles, et Mentana et Aspromonte, et
« Tunis et l'Abyssinie. Oubliez ce passé. Assez de
« jalousie, de rancune, d'animosité, de haine.
« Gardez seul le souvenir de nos luttes séculaires
« contre les barbares, de nos anciennes alliances
« d'où naquit l'unité italienne, et de nos guerres
« victorieuses, qui nous ont donné Fiume, Trente
« et Trieste.

« Oui : la France n'a pas été toujours notre amie :
« pendant de longues années elle nous a considé-
« ré comme des éventuels ennemis, à cause de
« notre alliance avec l'Allemagne et l'Autriche.
« Mais tout cela n'existe plus. Aujourd'hui la
« France est le seul pays avec qui l'instinct, la lo-
« gique et l'intérêt nous conseillent une politique
« d'entente. Les fautes, les erreurs du passé ne
« pourront se reproduire *si nous sommes étroitement*
« *liés par une alliance stable et sincère.* »

Et je dis aux Français : « Vous cherchez des
« alliés en Pologne, en Roumanie, chez les Tché-
« co-Slovaques, les Yougo-Slaves et dans toutes
« les nations nouvelles dont vous ne connaissez ni
« la cohésion, ni les frontières, ni les appétits et

« dont la langue, la géographie, la religion, l'éloi-
« gnement vous séparent à jamais. Ne craignez-
« vous pas que ces peuples, un jour ou l'autre, ne
« subissent l'attrait slave ou germanique, qui
« s'exerce sur eux et qu'ils portent dans leur
« sang? Avez-vous oublié le fruit de votre politi-
« que envers les Jeunes-Turcs?

Et je demande aux Français et Italiens qui con-
tinuent à chercher à Londres et à Washington une
assistance que le vieil esprit anglo-saxon, de plus
en plus utilitaire leur refuse constamment : « *Ne*
« *sentez-vous pas que si la France et l'Italie for-*
« *maient un seul bloc économique, militaire et poli-*
« *tique, elles pourraient traiter à Londres, à*
« *Washington et partout ailleurs, dans des condi-*
« *tions infiniment plus avantageuses? Est-ce que la*
« *somme de leurs forces ne décuplerait pas leur*
« *puissance virtuelle dans tous les domaines de la*
« *politique?*

Pour ma part j'en suis convaincu, et je crois que
nul homme sensé ne peut nier les avantages de cette
politique d'entente.

Le bloc italo-français pourrait alors envisager les
plus graves questions de la politique mondiale.

Evidemment, les diplomates français et italiens
devront négocier dans un esprit plus qu'amical, car

il s'agit d'arriver à une entente concrète sur chaque question.

Après cela, il faudrait défendre le point de vue accepté d'un commun accord, en tirant de cette unité d'action tous les bénéfices qui en découlent.

Si avant l'armistice, la France et l'Italie avaient envisagé la situation avec l'unité de vues qui est dans mes vœux, si elles s'étaient ensuite présentées à la Conférence de la Paix étroitement liées par un seul programme politique, discuté et approuvé d'avance, il est probable que l'une et l'autre auraient tiré un tout autre bénéfice de la commune victoire. Elles n'auraient pas connu les difficultés actuelles, et, j'en suis sûr, l'alliance entre les deux pays serait aujourd'hui la meilleure garantie, la sauvegarde de leur avenir.

C'est ainsi que les deux peuples liés par leur caractère, leur tempérament et leur longue civilisation seraient rapprochés l'un de l'autre par leurs « INTÉRÊTS POLITIQUES ». Sur ce terrain, on pourrait élaborer un « programme juste et équitable » fondé sur l'égalité des deux nations, respectueux de leurs intérêts respectifs et acceptable pour les deux pays. Ensuite, on pourrait conclure de nouveaux accords ouvriers, économiques et même militaires.

Verrons-nous fleurir cette nouvelle entente qui

nous mènerait à une alliance stable, sincère, vivifiée par l'adhésion des deux peuples?

Je le souhaite de toute la force de mon âme, car je le répète: cette alliance m'apparaît indispensable, non seulement pour établir un équilibre des forces, pour rendre impossible une nouvelle guerre de revanche, pour instaurer la paix en Europe, pour aider l'humanité à réaliser une nouvelle conception du droit et de la justice internationale, mais aussi pour la grandeur et la prospérité de nos deux pays.

Cette alliance, les esclaves des anciennes formules, dont la guerre a prouvé l'erreur fondamentale, et les illusionnistes, dont les rêves s'évanouissent à la clarté des évènements, voudraient l'empêcher. Mais je crois qu'elle sera hâtée par leur propre faute.

Elle est naturelle entre toutes, car elle représente une alliance idéale, cimentée par la contiguïté géographique, la fraternité de nos races, la langue, les intérêts sur mer et sur terre, les souvenirs d'un passé chargé de gloire.

Et d'autre part, elle nous est imposée par le péril commun auquel nous serons appelés à faire face aux heures décisives.

L'Italie et la France ont été, sont et seront toujours convoitées par les peuples du Nord et de l'Est qui depuis vingt siècles se sont déversés sur elles.

L'Italie n'est pas assez forte pour refréner les convoitises et repousser les invasions barbares: la France non plus. Mais la France et l'Italie alliées, n'auraient plus à craindre ni péril slave, ni hégémonie anglo-saxonne, ni revanche allemande. L'union franco-italienne, renforcée par le concours belge, viendrait balancer la puissance russe, anglaise ou américaine, et la situation mondiale en serait un peu plus équilibrée.

Enfin, entre Français et Italiens il y a aujourd'hui tout le sang versé à flots par nos combattants et deux millions de héros morts pour le même idéal.

> . . . .*nepotibus arae*
> *extabant tumuli* . . . .

A ceux qui viendront sur les tombes de Verdun et du Carso, les soldats, morts avec le même cri sur les lèvres et la même foi dans le cœur, diront:

« *Notre guerre ne fut pas la dernière. Nous en*
« *sortîmes victorieux parce que nous fûmes unis à*
« *la vie et à la mort. Soyez unis, vous aussi, car*
« *l'heure de la revanche sonnera tôt ou tard sur le*
« *Rhin et sur les Alpes* « *Vae victis!* »

Voilà ce que ces Dieux tutélaires de nos patries, diront à nos enfants.

Et les flammes de leurs bûchers, faits de bois latins, éclaireront la *Nouvelle Voie* deux fois *Sacrée,* par le sang des combattants et par les cendres des héros.

« Aux temps homériques de la Grèce, a écrit
« le Poète, autour des bûchers des héros, venaient
« leurs compagnons d'armes et leurs concitoyens,
« jetant dans les flammes chacun ce qu'ils avaient
« de plus cher. »

Que les Français et les Italiens jettent enfin aux bûchers, qui fument sur les Alpes et sur les Vosges, non pas ce qu'ils ont de plus cher, mais ce qu'ils ont de moins bien: leur méfiance, leur jalousie, leur égoïsme. Et nous verrons alors que les cendres de nos soldats seront le gage de notre alliance définitive. C'est ainsi qu'aux jours du péril et de la lutte nous aurons encore une fois, le Salut et la Victoire.

Français et Italiens, unissons-nous !

FIN

TABLE DES MATIÈRES

Préface de M. A. de Monzie............ 7

Avant-Propos 13

Considérations Générales 17
   La guerre.

A Paris 33

M. Georges Clemenceau et notre première
entrevue — Vers l'alliance entre la
France et l'Italie. — Les conditions de
l'Alliance franco-italienne. — M. Ray-
mond Poincaré et l'Intervention italienne. — A l'Ambassade d'Italie. —
M. Aristide Briand. — MM. Briand,
Bourgeois et Deschanel chez M. Tittoni,
Ambassadeur d'Italie. — Dépêches à
M. Salandra, Président du Conseil des
Ministres. — Consentement de MM.
Poincaré, Clemenceau et Doumergue,
Ministre des Affaires Etrangères. —
Scrupules de M. Tittoni. — Propagande
en faveur de la guerre. — Interviews
avec MM. Clemenceau, Deschanel, Delcassé, Pichon, Briand, Barthou, Mille-
rand, Sembat et Vaillant. — Négocia-
tions avec le parti socialiste français.

A Rome 103

Chez M. Barrère, Ambassadeur de France
et M. Salandra, Président du Conseil.
— Lettres et Documents.

A Bordeaux 121

Conversation avec MM. Tittoni, Clemen-
ceau, Viviani, Président du Conseil et
Briand, Vice-Président du Conseil. —
Une difficulté avec M. Delcassé, Ministre
des Affaires Etrangères. — Un coup de
Jarnac. — Rapports et lettres divers.

Six ans après 161

Nécessité de l'Intervention italienne. —
L'Italie dans le conflit mondial. —
Résultats de la guerre.

Conclusion 179

PARIS

—

Imprimerie des Arts et des Sports
24, rue Milton, 24

—

1921